Susie Sexperts liederliche Lesbenwelten

••

Susie Bright

Susie Sexperts liederliche Lesbenwelten

*Aus dem amerikanischen Englisch
von Birgit Scheuch*

Mit einem Essay von Viola Roggenkamp

Krug & Schadenberg

Danksagung

„Liederliche Lesbenwelten" habe ich mit Hilfe von Lisa Palac,
Jon Bailiff, Honey Lee Cottrell, Rebecca Hall, Bill Tonelli,
meinen FreundInnen in Puéchabon, meinen Verlegerinnen
Felice Newman und Frédérique Delacoste und natürlich
den Mädels von GOOD VIBRATIONS zusammengestellt. Danke!

Frühere Fassungen und Auszüge dieser Essays wurden zuvor in
ELLE, FORUM, ESQUIRE, NYQ, THE ADVOCATE, HUSTLER EROTIC
VIDEO und IMAGE abgedruckt. Ich danke den VerlegerInnen
dieser Zeitschriften und meinen dortigen LektorInnen:
Jenny Plath, Liz McKenna und Don Myrus, Bill Tonelli,
Maer Roshan, Doug Brantley, Scott Mallory und David Talbot.

Dieses Buch ist meinem Vater gewidmet.

Inhalt

Es gibt Bücher ...

... die kaufe ich nur für mich. Andere Bücher kaufe ich, um sie zu verschenken. Und dann gibt es Bücher, von denen kaufe ich nach dem ersten und zweiten Blick zwischen die sich mir öffnenden Seiten, nach leichtem Wiegen in der linken Hand und einem langen Blick auf die äußere Aufmachung – gleich zwei Exemplare. Eines behalte ich. Und das andere? Tja. Welcher Freundin konnte ich *Susie Sexperts Sexwelt für Lesben* schenken, ohne Gefahr zu laufen, am Telefon oder per Brief als Schande für die lesbische Welt beschimpft zu werden? Mir fiel sofort meine Freundin M. in B. ein. Und dann wartete ich. Würde sie sich freuen? Und wenn nicht? Vielleicht hatte ich sie falsch eingeschätzt? Oder aber das Buch? Womöglich war es doch ein sexistisches Machwerk, verfaßt von einer amerikanischen Kolumnistin, die allerdings fünf Jahre in einem Sexshop für Frauen gearbeitet und ihre Beobachtungen gemacht hatte. Dann war ich jetzt eine enttarnte Chauvinistin. Ich hatte mich von der ersten bis zur letzten Seite amüsiert, obzwar ich hin und wieder hängengeblieben war, leicht schockiert. Aber was mir zu weit gehen mochte, Susie Bright blieb der Situation gewachsen. In Momenten meiner Verlegenheit entdeckte sie die Komik der Lage. Wovon sie munter erzählte, war mir in heterosexuellen Zusammenhängen als Demütigung, Gewalt und Angst zu Ohren gekommen. Jetzt, mit ihrem Blick auf uns, mußte ich lachen. Was hatte Susie Bright über mich herausgefunden? Bevor ich dieser heiklen Frage weiter nachgehen konnte, rief meine Freundin M. aus B. an. Ich blieb neben meinem Anrufbeantworter in Deckung. Vorsichtshalber. Wer konnte wissen, was sie mir

an den Kopf werfen würde? Sie gurrte. Sie schnurrte. Sie war ungemein geschmeichelt. Und sie hatte das Buch bereits.

Die Reaktion aus der lesbischen Welt ließ nicht lange auf sich warten. Sheila Jeffreys aus Australien übernahm es, lesbische Frauen zu warnen vor der Verrohung ihrer Gefühle, ihrer Sprache und ihrer Phantasien durch sadomasochistische Praktiken und Pornographie. Brights Veröffentlichungen waren ein Anlaß gewesen für diese Replik; sie wird auch so gelesen. Mir wäre vor der Begegnung mit „Susie Sexpert" nur im Traum eingefallen, Jeffreys hier und da und vielleicht auch dort zu widersprechen, ihrem scharfen Ton, ihrer umfassenden Verurteilung. Ich fühle auch jetzt die Notwendigkeit, hier sofort zu beteuern, daß ich selbst nie – wirklich nicht! Und daß ich jemals mit stockendem Atem und immer wieder durchbrechendem Gekicher als Leserin an einem „Geburtstag à la O" würde teilnehmen können? Ich habe es nicht für möglich gehalten. Es ist das Kapitel, mit dem Susie Bright ihr hier vorliegendes zweites Buch *Susie Sexperts liederliche Lesbenwelten* eröffnet. Vielleicht hat sie in gerade ihrer Art, diesem und jenem auf den Grund zu gehen, einen Weg gefunden, dem Schlimmen die beklemmende Faszination zu nehmen. Nichts außer der Angst verhindert mögliche Wünsche ja so gründlich, auf daß wir sie nie loswerden. So wird Lust kriminalisiert, pervertiert – verdrehte, verkehrte Gefühle.

Ketzerinnen heißt Sheila Jeffreys Buch in der deutschen Übersetzung (1994, Verlag Frauenoffensive). Das Wort bedeutet im Ursprung „die Reinen". Hier will es anknüpfen an die lesbischen Feministinnen der sechziger Jahre, die Ketzerinnen genannt wurden. Sie hatten „der männlichen Vorherrschaft und der ihr zugrunde liegenden Institution ‚Heterosexualität' den Kampf" angesagt. Kampf dem Patriarchat und Kampf auch seinen Dienerinnen. Jeffreys wird in Bright eine solche Dienerin sehen, eine Sextherapeutin, die Lesben einreden wolle, sie brauchten Dildos und Vibratoren, um ihre Freundin und sich selbst sexuell befriedigen zu können. Für Feministinnen wie Jeffreys bestätigt Bright damit auf fatale Weise „die Behauptung des medizinischen Establishments – Lesbischsein sei eine angeborene Anomalie, sei psychologisch im Penisneid begründet, sei eine sexuelle Abweichung, die wie Kindesmißbrauch oder Fetischismus zu behandeln sei" (S. 7).

Brights neues Buch scheint Jeffreys schlimmste Befürchtungen über solche engagierten Sextherapeutinnen zu bestätigen: Susie Bright hat mit einem Mann geschlafen. Sie hat eine Tochter bekommen. Sie schwört noch immer auf ihr Dildo-Set, und im letzten Kapitel bezeichnet sie sich nicht mehr als Lesbe, sondern als Bi-Frau. Das sagt sie zwar sehr halbherzig, aber sie sagt es. Nach Ansicht der amerikanischen Philosophin Judith Butler ist eine bisexuelle Frau in beide Richtungen heterosexuell. Sie ist männlich und weiblich. Sieht so das Ende einer Lesbe aus?

In *Susie Sexperts liederliche Lesbenwelten* geht es um sexuelle Lust und das Wagnis ihrer Befriedigung, und es geht um Milieuschilderungen der amerikanischen Lesbenszene. Sowohl Susie Brights radikale Exkursionen in den weiblichen Unterleib als auch Sheila Jeffreys' radikale Ächtung all dessen, was da vorgeht, haben mit uns zu tun. Jeffreys ist besorgt: „Pornographie, Sadomasochismus und sexuelles Rollenspiel" zwischen Frauen „seien gefährlich für das lesbisch-feministische Projekt" (S. 9). Und darum beschließt sie, zwischen „lesbischen Feministinnen" (die guten) und „Lesben, die außerdem Feministinnen sind" (die weniger guten), zu unterscheiden. Wie im Märchen: Die Mutter zwischen ihrer guten und ihrer bösen Tochter. Die weniger guten Frauen gefährden durch ihre sexuellen Phantasien wie auch Taten die lesbisch-feministische Gesamtkonzeption. Da ist sie wieder, die im Patriarchat allen Frauen vertraute Verknüpfung von Lust und Schuld.

„Der glitzernde Aufmarsch der neuen Möglichkeiten, der Dildos, Pornographie, Sexclubs und Prostituierte feilhält, wird als

Angebot von freier Wahl, Vergnügen, Lust und individueller Freiheit dargestellt", schreibt Jeffreys. So werde „der politische Kampf der Lesben in falsch verstandene Befreiung umgeleitet, die sich für Lesben als ebenso illusorisch entpuppen wird wie die sexuelle Freiheit, die in den Sechzigern den Heterofrauen angedient wurde" (S. 37). Das stimmt. Aber nur dann, wenn Sexualität als Machtinstrument gegen andere benutzt und empfunden wird. Dann ist, was sexuelle Befreiung heißt, nichts anderes als die alte Ausbeutung in neuer Verkleidung, die Funktionalisierung weiblichen Begehrens. Aber Susie Bright empfiehlt ihre Dildos und Gummihandschuhe nicht, weil sie damit Lesben zur Kastration des Patriarchats führen will.

Jeffreys fürchtet um die menschliche Qualität der Frauenbeziehung. Bright geht es nicht vorrangig um die Beziehung, sondern um die Wahrhaftigkeit gegenüber der eigenen Lust, was für den Bestand einer Beziehung sehr hilfreich ist. Auch sie möchte Frauen befreien. Und zwar von dem Druck, in lesbischen Betten gehe es immer auch um Politik, um sexuell korrektes Verhalten. Wenn alle Beteiligten einverstanden sind mit dem, was geschieht, gibt es weder Machtmißbrauch noch Demütigung. Dann kann es auf einmal darum gehen, wovor und warum lesbische Frauen sich Berührungsängste machen (lassen). Danach zu fragen und das zu entdecken ist ja auch nicht immer angenehm.

Da haben wir nun also den, ich darf zitieren, sogenannten „Latexschwanz". In der Tat kann Susie Bright furchtbar missionarisch sein, wenn sie wieder einmal ihr Dildo-Necessaire hervorkramen möchte. Aber nicht nur: „Manchmal vergnüge ich mich auch damit, mir einen in die Jeans zu packen oder ein paar zum Schmelzen in die Pfanne zu hauen, um neue Formen zu gestalten" (S. 42). Derweil denkt Jeffreys an das feministische Projekt, an eine Möglichkeit „strikterer Separation", an den Lebensraum lesbische Welt, gleich gegenüber dem Patriarchat. Für sie steht die lesbisch-feministische Gesamtkonzeption im Vordergrund.

Nicht die einzelne Frau in ihrem Begehren. Nach feministisch-ethischen Grundsätzen vertritt Jeffreys damit die männliche Moral. Wie Immanuel Kant erwartet sie von uns mit dem Blick aufs große Ganze, daß wir uns von Prinzipien leiten lassen, die über die momentanen Bedürfnisse einer einzelnen gestellt werden müssen. Nicht Empathie für einen Menschen soll in der Situation unser Denken und Handeln bestimmen. Nach Sigmund Freud ist Empathie das intellektuelle Verstehen und sich Einfühlen in Gegensätzliches, auch dann, wenn's persönlich schwerfällt. Darin entspricht nach feministisch-ethischen Grundsätzen wiederum er der weiblichen Moral.

Pornographie als ein Mittel zur Verdumpfung und Brutalisierung der Gefühle. Sie wird nicht besser in Frauenhand. Das versteht sich. Ebenso die Verdinglichung des Gegenübers. Dann wäre also jetzt zu fragen, ob das Benutzen eines Dildos respektive Susie Brights Leidenschaft für zwanzig Zentimeter Latex oder eine biologisch einwandfreie Salatgurke zu verurteilen sind, weil damit die Würde des Mannes verletzt werde. Jeffreys verliert darüber kein Wort. Bright auch nicht. Muß ich dann?

Zwischen diesen beiden feministischen Frauen und den hinter ihnen sich gruppierenden Fronten geht es um das, was an den Mann und seinen sexuellen Machtanspruch erinnert: alles Phallische. Nach Jeffreys soll es keine haben. Nach Bright kann es jede haben. „Die Symbole der Männlichkeit zu übernehmen war kein Zeichen von Befreiung", schreibt Jeffreys (S. 26). Für lesbische Frauen in den fünfziger, sechziger und noch siebziger Jahren indessen war der Zugriff auf männliche Attribute (Kleidung, Taschenmesser, Pfeife, Autoschlüssel) ein Wagnis und dokumentierte das Verbot als auch wie es – sogar für heterosexuelle Frauen – zu übertreten sei. Jeffreys kritisiert das Rollenspiel und bezeichnet es als Rückfall hinter den lesbischen Feminismus. Keine Frauenwelt, in der der Mann als der Abwesende so bedrohlich präsent ist wie im lesbischen Feminismus à la Jeffreys und feministischen Philosophinnen wie Sarah Lucia Hoagland *(Die Revolution der Moral,* 1991, Orlanda Frauenverlag). Ihnen bedeuten Rollenspiele eine im Wortsinn peinliche Verherrlichung des heterosexuellen Systems vom herrschenden Mann und der sich unterwerfenden Frau, vorgeführt von Lesben. Sie verschließen sich der im Rollenspiel durchschimmernden Sehnsucht nach dem geschützten Raum, in dem Weiblichkeit und Männlichkeit von Frauen gelebt werden können, ohne daß Ängste wahr werden. Zum Beispiel auch die Angst, daß Königin Mutter zur Tür hereinschaut und die Hände über dem Kopf zusammenschlägt. Was würde sie entsetzt ausrufen, wenn sie die gute mit der bösen Tochter im Rollenspiel sähe? Wäre es Jeffreys, würde sie sagen: „Transvestitismus!" Ob sie recht hätte?

Verkleidet als Tunte oder totschicke Frau, der Mann dokumentiert mit künstlichem Busen und auf Pumps sowohl Frauenhaß als auch seine Sehnsucht nach der Frau, dem verlorenen, vielleicht sogar heimlich von ihm zerstörten Gegenüber. Sie stellt er nach außen wieder her und findet im Schutz der mächtigen femininen Hülle zu sich selbst zurück. Ein kurzes Glück, verbunden mit der schmerzlich anhaltenden Erkenntnis, daß der Mann die Frau nicht ersetzen kann. Und die Lesbe als Dyke, Butch oder KV? Sehnsucht nach so einem Gegenüber? Dem verachteten, im Haß zerstörten Mann? Dem Täter? Und nun wiedererschaffen in idealisierter Form: feminin. Das ist es, was lesbische Feministinnen wie Jeffreys nicht aushalten. Der Mann ist für sie der Täter. Er allein. Die Wurzel des Bösen. Hier wird ideologisch-religiös für seit Menschengedenken von Männern an Frauen Begangenes Rache genommen. Keine lesbische Frau soll so aussehen und sich so benehmen wollen. Tut sie es, zeigt sie, daß sie den im lesbischen Garten Eden ausgelöschten, vernichteten Mann auf ihre Weise wiederherstellen möchte. Der Dildo in Susie Brights Schminkkoffer, oder wo immer sie ihn verwahrt, muß für eine Frau wie Sheila Jeffreys schlimmster

Verrat sein, den sie verurteilt als Würdelosigkeit und ordinäre Dummheit.

„Die Macht der Männer wurde ausgepolstert, indem Frauen zum Geschlechtsverkehr verpflichtet und ihre sexuellen Reaktionen so manipuliert wurden, daß sie ihre Unterdrückung selbst erotisierten" (S. 36). Jeffreys benennt ein von Männern eingefordertes Waffenarsenal der Weiblichkeit: trippelnde Pumps, blutrote Nägel, „diätisiert-aufgemotzt-enthaart-plastiziert zugerichtete Körper" (S. 88). Sie hat ja auch recht. Aber in ihrer atemlosen Anhäufung der Beweise wird so etwas wie Geschlechts-Rassismus spürbar, dem Mann, aber auch den Frauen gegenüber, die sie höchst besorgt und höchst beunruhigt entmündigt. Spätestens dann ist sie in die Hülle des faschistoiden Mann-Täters geschlüpft, für den solche Frauen nur mehr Opfer sind. Der bessere Mensch muß die lesbische Feministin sein: „Während in der Heterowelt Sex ohne Handbücher, Pornographie und Apparaturen bald ganz undenkbar schien, schafften es Lesben, ohne solche Ausrüstung einander zu lieben und miteinander zu schlafen" (S. 36). Für sehr viele Frauen ging es endlich auch um die Entdeckung ihrer sexuellen Potenz. Über ihre Liebesfähigkeit wußten sie besser Bescheid. Nun gab es sogar Lust, Erregung und Befriedigung im eigenen Orgasmus. Gegenüber der anderen Frau wagen Frauen mehr von sich zu zeigen als gegenüber dem Mann.

Daß „Sexualität einen häufig vernachlässigten politischen Aspekt besitzt" (S. 7), dokumentierte bereits vor fast dreißig Jahren als erste Kate Millett in *Sexus und Herrschaft* (1969). „Sobald Freud die Theorie des Penisneides formuliert hatte, war eine mögliche gesellschaftliche Erklärung der weiblichen Unzufriedenheit nicht mehr diskutabel." (S. 241) Der Mann benutzt die Frau, um vor sich selbst größer zu erscheinen. Ihr fehlt etwas. Sein Penis. Ihm fehlt gar nichts. Er hat schon alles.

Zwanzig Jahre nach Millett folgte Elfriede Jelineks Roman *Lust*. Die Autorin beschreibt die alltägliche Pornographie, „die

Darstellung des Wesens Frau, das der Mann ungestraft quälen, erniedrigen, herabwürdigen kann" (*stern*-Interview, 1988). Es geht um die Entmenschlichung der Frau und des Mannes. Jelinek: „Ich wollte eine weibliche Sprache für das Obszöne finden und bin darauf gekommen, daß es nicht geht, weil es für eine Frau überhaupt nicht vorgesehen ist, über Sexualität zu sprechen. Ich habe gemerkt, daß es für eine Frau nicht möglich ist, ohne in die Sprache der Männer zu fallen."

Die Feministin Verena Stefan versuchte es 1975 in ihrem ersten Buch, *Häutungen*. Sie schrieb alles klein. Susie Bright versucht es erst gar nicht. Sie nimmt sich die Wörter der Männersprache. Dann gehören sie ihr. Und ich lese, wovon ich glaubte, es nie lesen zu wollen. „Deswegen", schreibt sie einmal in einem uns allen vertrauten Zusammenhang, „ist Faustficken auch so genial – es macht die Größe des Phallus völlig irrelevant." Ich habe nichts dagegen, auf diese Weise von heimlichen Ängsten stürmisch losgerissen zu werden: Von einer Frau so auch ausgefüllt werden zu können. Eine Frau auch körperlich ausfüllen zu können als Frau. Schön! Ich muß lachen über ihren Schwung. Zwar gibt es keinen Orgasmus in der Faust. Aber es gibt die Macht der Phantasie und der Gefühle, und es gibt das Begehren auch nach der Hingabe und Befriedigung der anderen. Bright wagt viel. Sie begibt sich in die Rolle des Sündenbocks, der nach der jüdischen Lehre ein verehrtes Tier war, weil er, was die Gemeinschaft spalten würde, auf sich nahm und damit in die Wüste ging. Sie kann sich in dieser Rolle viel erlauben. Und das tut sie. Nahezu ungeniert. Sie fordert heraus, polarisiert und stiftet dadurch Identität: „So schlimm wie sie bin ich nicht!" Das ist denn wenigstens erst mal sicher. Sogar in den Kreißsaal nimmt sie ihren Vibrator mit. Sie stimuliert ihre Klitoris während des Geburtsvorganges, um die Wehen in einen Lustrausch zu verwandeln. Ihre Seele soll lachen. Ihre Angst vor Verlust und dem damit zwangsläufig verbundenen Schmerz wird hier auf einmal ganz deutlich sichtbar. Sich trennen müssen von der Vorstellung der Vollkommenheit, von dem im Bauch fühlbaren Besitz.

Sheila Jeffreys versucht sich durch den Rückzug in die Separation vor Enttäuschung und Schmerz zu schützen. Schwer auszuhalten, wenn die lesbisch-feministische Familie die Merkmale zeigt, die sie bislang nur in den Gesichtern ihrer heterosexuellen Feinde wahrgenommen hatte. Inszenierte Gewalt in der Sexualität macht nicht bloß angst, sondern ist Ausdruck von Angst, Depression, Verstörung und erlebter Ohnmacht. Was sich in der Lesbenszene zwischen Frauen zeigt, ist nicht einfach zu verurteilen und abzutun als Nachahmung eines heterosexuellen Krankheitsbildes. Und vor allem ist nichts damit gewonnen, es zu verbieten und zu stigmatisieren.

Susie Bright hat dieses Buch ihrem Vater gewidmet. Eine bedeutungsvolle Geste. Wie wichtig bei allem doch die Liebe ist.

Viola Roggenkamp
Hamburg, im Februar 1995

Vom Stoff reinsten Vergnügens

Jeden Abend führe ich vor dem Schlafengehen einen kleinen Raumschiff-Enterprise-Tanz auf. Nein, eigentlich geht dieses stampfende Stammesritual des Raumzeitalters los, wenn meine kleine Tochter ins Bett geht. Aber zur Zeit liegen unsere Bettzeiten sehr nah beieinander. Zu unserem Raumschiff-Enterprise-Tanz läuft der Soundtrack von *Star Trek: The Next Generation,* eine überwältigende, pompöse Komposition. Wir fliegen mit ausgebreiteten Armen im Zimmer herum, sind einen Moment Adler, im nächsten Raumschiffe. Die weitere Choreographie setzt sich aus Ballerina-Schritten und majestätischen Posen zusammen, und schließlich drehen wir uns wie Kreisel.

Wenn ich mit meiner Tochter spiele, lasse ich meiner Phantasie freien Lauf, denn sie versteht es hervorragend, vorzugeben, daß alles, was wir uns ausdenken, *wirklich* ist. Phantasien sind der Stoff reinsten Vergnügens. Wir können tun, was wir wollen, und uns in alle möglichen Leute verwandeln. Und wenn es allzu turbulent wird, brechen wir einfach auf dem Boden zusammen. *Game over.*

Vielleicht sollten wir die Chefsessel jener Industrie, die uns verspricht, unsere Vorstellungskraft zu revolutionieren, allesamt mit Kleinkindern besetzen. Als ich zum ersten Mal den Ausdruck „virtuelle Realität" beziehungsweise das Schlagwort „virtuell" hörte, hatte ich keine Ahnung, was damit gemeint sein könnte. Die Zeitschrift *Elle* hat mich im letzten Frühjahr mit einer Recherche darüber beauftragt, wie die neuen Computertechnologien unser Sexleben beeinflussen könnten. Die erste Woche verbrachte ich damit, vor mich hin zu murmeln: „Ich kapier's einfach nicht!" Aber als ich mich erst einmal mit dem Jargon vertraut gemacht hatte und Beispiele virtueller Technologie – einer Art Do-it-yourself-3-D-Fernseh-Erfahrung – sah, verliebte ich mich – nicht in die Technologie an sich, sondern in die Art von Bewußtsein, die sie erzeugt. Eine Erfahrung zu schaffen, die in ihrer Detailtreue vollkommen real wirkt, legt Zeugnis für die Kraft unserer Phantasie ab. Allein der Begriff „Virtualität" beweist, wie wichtig unsere Vorstellungskraft ist, wie subversiv und unergründlich.

Um Virtualität zu erleben, bist du auf keine besondere Ausrüstung angewiesen. Du hast solche Erfahrungen bereits gemacht. Jedesmal, wenn du die Augen schließt und dich berührst, läuft dein Geist auf Hochtouren und dein Körper wird von allen möglichen Gefühlen durchströmt. Du kommst nicht dank einer gut geschmierten Hand oder dank eines Vibrators zum Orgasmus oder weil jemand mit genau dem richtigen Druck deine Klit massiert, sondern dank deiner Vorstellungskraft. Sie nagelt dich auf dem Bett deiner schmutzigsten Phantasien fest und läßt dich erst los, wenn die Spannung explodiert. Phantasien stellen die absolute virtuelle Erfahrung dar, weil sie sich so *echt* anfühlen und keinerlei Zubehör erfordern.

Diese Essaysammlung befaßt sich nicht mit Computervisionen, sondern mit Politik, Erotik und dem Zustand des menschlichen Sexlebens. Zu einem gewissen Zeitpunkt wollte ich diesen Band *Männer, Frauen, Kinder und Lesben* nennen. Ich nahm an, daß damit alle Interessen abgedeckt seien, die mich im Moment besonders beschäftigen, aber die Vorstellung von „virtueller Realität" fasziniert mich – die Erkenntnis, daß unsere Phantasien und Ängste – besonders die sexuellen – realer sind als viele andere Kräfte, denen wir gesellschaftliche Realität zubilligen. Ich vermute, daß die virtuelle Revolution nur noch einen winzigen Schritt davon entfernt ist, unseren beschränkten Geisteszustand zu sprengen.

Für meine Generation stellte die Auseinandersetzung damit, welches Maß an Verfügungsgewalt die Regierung uns über unseren Körper zubilligt, den vorherrschenden kulturellen Konflikt dar. Gestern abend sah ich mir altes Filmmaterial von 1968 an. Darin kabbelt sich der damalige Gouverneur von Alabama, George Wallace, während seines Wahlkampfes mit einem Demonstranten. Zum Entzücken seiner getreuen AnhängerInnen gibt er dem Demonstranten den Ratschlag: „Gehen Sie mal zum Friseur – ein Friseur würde Ihnen bestimmt guttun." Fünfundzwanzig Jahre später zeigt Präsidentschaftskandidat Pat Buchanan Wahlwerbespots, in denen Männer in Lederhosen und mit nacktem Oberkörper auf einem Straßenfest in San Francisco tanzen – für Buchanan ein Horrorszenario, doch du kannst den Jungs wirklich nicht vorwerfen, daß sie nicht glatt rasiert oder ungepflegt seien.

Beide Momentaufnahmen zeigen einen Angriff auf Aspekte der Sexualität. Beide Male werden Männer von anderen Männern beschuldigt, keine „richtigen Männer" zu sein. Daneben wütet ein Krieg, der noch patriarchalischer ist: Bei diesem Krieg, der den Frauen zeigt, was es heißt, das „schwächere Geschlecht" zu sein, geht es darum, wer den Körper und die Sexualität von Frauen kontrolliert.

Zensur, das moderne Schlüsselwort für die Unterdrückung sexueller Überzeugungen und Praktiken, machte Anfang dieses Jahrzehnts erneut Geschichte. KünstlerInnen, deren Werke mit sexuellen Tabus brachen – Robert Mapplethorpes Akte, die Songtexte von 2 Live Crew oder Karen Finleys Sprechgesänge und vieles andere –, sahen sich mit einer ungewöhnlichen Allianz konfrontiert, zu der sich Rechte und Liberale zusammengeschlossen hatten. Die Rechten hätten die RebellInnen am liebsten gleich erschossen, während die Liberalen nur forderten, große warnende Aufkleber auf den entsprechenden Produkten anzubringen: *Achtung – Sex ist gefährlich!*

Doch diejenigen, die versuchen, Spielarten der Sexualität, die sie als anstößig empfinden, zu verleumden, zu kriminalisieren oder zu eliminieren, straucheln als erste unter dem virtuellen Mikroskop, das ihre Heuchelei bloßstellt. Paßt auf, meine Herren und Damen RichterInnen – staatliche wie, noch schlimmer, selbsternannte –, daß ihr nicht über eure Roben stolpert. Prüderie und Patriarchat schützen nicht vor sexuellen Phantasien. Ohne Zweifel werden ZensorInnen von Phantasien gequält, die sie verwirren und verraten und oft in einem komischen Kontrast zu ihrer offiziellen Haltung stehen. HeuchlerInnen mögen es nicht, wenn ihre heimlichen Gedanken in Form von kommerzieller Pornographie inszeniert, auf Platten gerappt oder in Galerien ausgestellt werden. Aber wenn sie sich selbst nicht einmal daran hindern können, sexuelle Phantasien zu entwickeln, wie können sie dann andere davon abbringen? Sie erlassen Gesetze, die grundlegende persönliche Freiräume beschneiden.

ZensorInnen haben schon mehreren Staaten der USA Scheuklappen verordnet, aber sie können die Menschen nicht daran hindern, hinter diesen zu phantasieren. Es mag vielleicht verdammt schwer sein, in Oklahoma *Susie Sexperts Sexwelt für Lesben* aufzutreiben, aber du begegnest garantiert vielen Lesben, einer Menge Sex und unendlich viel tabuisiertem Treiben in diesem Staat. Mach nur weiter so, Jesse Helms* – zerpflücke die Bill of Rights zu Konfetti! Aber in diesem Land gibt es etwas – nenne es meinetwegen ein virtuelles Recht, nach Glück zu streben –, das du nicht zerstören kannst – außer vielleicht durch Gehirnamputationen. (O gütige Göttin der Virtualität, gib, daß ich ihm keine neuen Flausen in den Kopf gesetzt habe!)

Susie Sexperts Sexwelt für Lesben, die Essaysammlung, in der ich beschreibe, was ich während sieben Jahren an Lesbensex,

---

* Jesse Helms sitzt für North Carolina im US-Senat. Mit seinen homophoben Gesetzesvorlagen hat er bitterböse Berühmtheit erlangt. (Anm. der Übers.)

lesbischer Kultur und Szenepolitik beobachtet habe, erschien 1990 (dt. 1993). In der *Sexwelt für Lesben* habe ich die Art, wie Lesben herkömmlicherweise betrachtet werden – entweder als für die Welt verlorene Frauen oder als Möchtegern-Männer –, unter die Lupe genommen und außerdem die lesbisch-feministische Gemeinschaft dazu aufgefordert, sich endlich für ihre sexuelle Befreiung zu interessieren oder sich anderen wenigstens verdammt noch mal nicht mehr in den Weg zu stellen.

Ich bekam sehr viele Zuschriften. Einige Lesben empfanden das Buch als wunderbare Gebrauchsanleitung. Mehrere Frauen boten mir an, ihre Kommentare auf der Rückseite abzudrucken, wie zum Beispiel: „Es funktioniert wirklich!" oder „Ja, jetzt kannst auch du ohne große Umstände deine Hand in die Möse deiner Geliebten schieben!" Ich freute mich, daß es mir gelungen war, den Mythos, wie Frauen einander lieben – nein, wie sie *kommen*, basta! – zu entmystifizieren. Aber ich wußte auch, daß die Freude am Sex, die ich von Leserinnen vermittelt bekam, mindestens ebensosehr auf einem Zuwachs an Selbstvertrauen fußte wie auf der Aneignung neuer Techniken.

Außerdem begegneten mir viele Nicht-Lesben – Frauen und Männer –, die sich errötend als Fans meines Buches zu erkennen gaben. „Ich weiß, daß du es nicht für mich geschrieben hast", gaben sie zu, „aber es hat mir so viel gebracht. Es ist so aufschlußreich!" Ein Knabe riet mir, ich solle die *Sexwelt für Lesben* unter dem Titel *Die Geheimnisse weiblicher Sexualität – Enthüllungen einer echten Lesbe* neu auflegen. Ich antwortete ihm, daß diese Idee bereits vom Verfasser des Buches *Wie man Frauen* abschleppt besetzt sei. Gewiß läßt *Susie Sexperts Sexwelt für Lesben* die LeserInnen an einigen weniger bekannten Einzelheiten lesbischen Lebens teilhaben, aber ich glaube, das Buch sprach auch deshalb ein breiteres Lesepublikum an, weil es einfach guttut, eine Frau offen über Sex plaudern zu hören. Vielleicht sind die Details aus dem lesbischen Leben aber auch nur weniger einzigartig, als ich dachte. Die Sympathie, die ich gegenüber meinen LeserInnen verspürte, wuchs in dem Maße, wie ihre Vielfalt zunahm. Auf einer Lesereise, die ich im Herbst 1990 unternahm, lernte ich diese Leserinnen näher kennen. Ich hatte ein Buch herausgebracht und war frischgebackene Mutter einer Tochter, Aretha. Ich engagierte meine Freundin Rupa als Kindermädchen; sie sollte uns während der zweimonatigen Reise durch fünfzehn kanadische und US-amerikanische Städte begleiten. Rupa war gerade von einem Jahresaufenthalt in Indien zurückgekehrt. Ihr Haar war dunkellila gefärbt, und sie trug Ringe an jedem Finger und an jedem Zeh. (Rupa ist jene treue, hochtoupierte Seele, die mich damals zu der sechsstündigen Busfahrt nach Tahoe überredete, um im dortigen Casino zum ersten Mal k.d. lang zu erleben. Eine meiner Lieblingsgeschichten in der *Sexwelt* handelt von diesem Ausflug.)

Bei meiner Lesereise überquerten wir wie gesagt die kanadische Grenze. Das kanadische Gesetz definiert Obszönität als „alles, was Frauen erniedrigt". Einfach herrlich, diese Objektivität! Diese Definition ist das Paternalistischste, was ein Hohes Gericht in diesem Jahrhundert von sich gegeben hat. Da die kanadische Regierung Expertin in der Erniedrigung von Frauen ist, nehme ich an, daß die Gerichte alle Hände voll mit Klagen zu tun haben.

Nach dieser Definition ist meine Einreise nach Toronto eindeutig als obszöner Witz zu bewerten. Die Zollbeamten untersuchten jeden einzelnen Finger eines jeden Gummihandschuhs, den ich in mein Safer-Sex-Täschchen gepackt hatte, wobei sich der weiße Talkumpuder über den ganzen Tisch verteilte – eine Szene, die aus einer *Saturday Night Life*-Parodie hätte stammen können. Sie stellten meine Identität als Mutter meines Kindes in Frage. Da mich niemand darauf hingewiesen hatte, daß ich für die Einreise nach Kanada eine Geburtsurkunde für das Kind vorweisen müßte, blieb mir als Beweis einzig und allein meine jaguarwilde Mutterrage. Jedem noch so unbedarften Zollbeamten konnte es nicht verborgen bleiben, daß ich in Null Komma nichts ihren Scheiß-Kontrollpunkt in tausend Stücke sprengen würde.

Auf meiner Reise mußte ich später noch einmal die Grenze nach Kanada überqueren. Diesmal landete ich in Montreal, und im ganzen Flughafen schien es nicht einen einzigen Zollbeamten zu geben. Ich spazierte einfach hinaus in die Sonne, eine wunderschöne, französisch sprechende Frau begleitete mich zu ihrem Wagen ... es war köstlich – nur in Montreal haben mich Frauen gebeten, ihre Brüste mit Autogrammen zu versehen.

Meine Erlebnisse auf dieser Lesereise entsprechen diesem Muster: Sie reichten von der tiefsten Erniedrigung bis zum höchsten Glücksgefühl. In Northampton, Massachussetts, riet mir die Polizei davon ab, in einem bestimmten Restaurant essen zu gehen, weil sie einen Anschlag von PorNo-Fanatikern befürchtete. Ich hätte vor Wut heulen können – ich wollte nicht im westlichen Massachussetts als Märtyrerin der lesbischen Pornographie enden. In einem Ort wie Northampton brauchte ich Polizeischutz, um anschließend gebeten zu werden, in einer *Kapelle* zu lesen. Dies bestätigte wiederum meine Daumenregel: Je religiöser, puritanischer oder fundamentalistischer eine Gegend, desto perverser wird es.

In Dallas hatte mich eine Lesbengruppe eingeladen, in einem am Seeufer gelegenen Country Club zu lesen. Als eines der Models im Publikum ihren wadenlangen Fuchspelz zu Boden gleiten ließ und darunter weiße Reizwäsche zum Vorschein kam, flüsterte ich meiner Gastgeberin zu: „In San Francisco würdet ihr von TierschutzaktivistInnen auf dem Scheiterhaufen verbrannt."

Ich glaube, sie hat mich falsch verstanden, denn sie antwortete: „Hier ist niemand so militant. Niemand hier in diesem Saal lebt offen lesbisch."

Als Babysitter hatte sich an diesem Abend ein junger Mann in Lederchaps, -weste und -mütze zur Verfügung gestellt. Er verhätschelte Aretha den ganzen Abend lang. Ich fragte meine Gastgeberin, warum er meiner Tochter offensichtlich gleich so zugetan war. „Er hat selbst ein drei Monate altes Baby", klärte sie mich auf. „Aber seine Frau ist beim Militär, und sie und das Kind befinden sich gerade in South Carolina. Er weiß nie, wann er seinen Sohn das nächste Mal zu Gesicht bekommt."

„Seine *Frau?*" fragte ich. Wieder einmal mußte ich mich ziemlich ungehalten erinnern lassen, daß in Texas viele Lesben und Schwule einander heiraten. Und dieser junge Mann war ganz der stolze Vater. Als er mir ein Foto seines Sohnes zeigte, glänzten seine Augen wie seine gewienerten Chaps. Ich frage mich, wie viele der Ledermänner, die Pat Buchanan im Fernsehen beim Tanzen auf der Straße zeigte, ebenfalls Väter waren.

Unzählige Leute fragen mich – meist in ziemlich skeptischem Tonfall –, wie ich als alleinerziehende Mutter mit Aretha zurechtkomme. Kann ich auf Co-Eltern zurückgreifen? Engagiert sich der Vater in irgendeiner Weise? Was werde ich ihr über meinen skandalösen Beruf erzählen, wenn sie etwas älter ist?

In den folgenden Beiträgen dieses Buches habe ich versucht, einige Antworten auf diese Frage zu geben und sie in größere Zusammenhänge einzubetten. Aber die übergreifende Antwort ist folgende: Meine Tochter und ich sind wie alle US-amerikanischen Familien, die weder dem Stereotyp der Kleinfamilie entsprechen, noch in Großfamilien leben. Unsere Art von Familienleben wird zwar nicht im Fernsehen gezeigt, existiert aber in der Realität sehr wohl. Ich empfinde uns selten als ausgegrenzt oder „anders", denn ich habe zu viele Leute kennengelernt, deren Familienleben meines im Vergleich wie das einer perfekten Spießbürgerin erscheinen lassen.

Der ungewöhnlichste Aspekt meines Lebens besteht nicht darin, daß ich alleinerziehende Mutter bin oder mich als radikale Sex-Aktivistin verstehe, sondern darin, Schriftstellerin zu sein. Ich nahm kürzlich an einer Podiumsdiskussion teil, auf der sich einer der anderen Podiumsgäste darüber echauffierte, daß AkademikerInnen und KünstlerInnen glaubten, sie könnten die Welt verändern, indem sie ausgeklügelte Verlautbarungen von ihren Elfenbeintürmen in die Welt posaunten.

Ich bin keine Akademikerin, aber als Künstlerin habe ich längere Zeiträume allein in meinem Zimmer verbracht. Doch genausooft habe ich ganz pragmatisch protestiert – zum Beispiel, als ich vor jenem Richter stand, der mich „eine Gefahr für die Gesellschaft" nannte –, und ich engagiere mich, wenn ich am Telefon mit ruhiger Stimme versuche, Unbekannte zu agitieren und das mit soviel Leidenschaft, als wollte ich eine Geliebte verführen. In der Zeit dazwischen lese ich oft. Meine Lieblingsbücher, die Passagen, in die ich wieder und wieder eintauche, inspirieren mich – ebenso wie Musik oder die Art, wie eine bestimmte Tänzerin, eine Stripperin auf der Bühne, mir ihre Seele offenbart.

Gäbe es diese anderen nicht, die mich mit ihren Worten und Taten bewegen – ich wüßte nicht, ob ich je vom Fleck käme. Am meisten schätze ich an meiner Arbeit, daß sie andere dazu verführt, Wagnisse einzugehen. Ich liebe mein Gewerbe; ich möchte mit anderen kommunizieren. Und ich besitze das (natürlich goldene) Herz einer Hure, die daran glaubt, daß Worte die Welt zu ändern vermögen.

Mit sechzehn las ich Victor Serges *Erinnerungen eines Revolutionärs*. Ich öffne das Buch und sehe, daß ich damals seine letzten Zeilen unterstrichen habe:

„Die Zukunft scheint mir von größeren Möglichkeiten erfüllt zu sein, als wir in der Vergangenheit ahnten. Mögen die Leidenschaften, die Erfahrung und sogar die Fehler meiner kämpfenden Generation ein wenig ihren Weg erhellen!"

Und hier also meine kleine Lichtquelle. Erweitere – virtuell – deinen Horizont, öffne – und das meine ich wörtlich – deine Lippen und werde meinen feuchten Hintergedanken entsprechend AKTIV!

Susie Bright
San Francisco, im März 1992

Geburtstag à la O

„... eine glückliche Gefangene, der alles auferlegt und die um nichts gebeten wurde."

Die Geschichte der O

Für meinen dreißigsten Geburtstag hatte ich große Partypläne geschmiedet. Angeregt durch die Fernsehserie *Reich und schön* wollte ich die Karriereerwartungen der Generation X, der Mittdreißigerinnen, durch den Kakao ziehen, indem ich zu einem Gelage unter dem Motto „Ekelhaft reich und scheußlich schön" lud, bei dem ich mit einer Diamanttiara geschmückt den Vorsitz über mein fürstliches Älterwerden führte.

Aber meine Pläne wurden durchkreuzt. Ich trug keine Diamanttiara. Genauer gesagt, trug ich an meinem Geburtstag überhaupt sehr wenig. Zwei Tage zuvor nämlich bat mich meine Geliebte, Honey Lee, ob wir den Tag nicht ganz unter uns begehen könnten. Sie hätte sich eine kleine Überraschung ausgedacht. Nun sind Überraschungen nicht gerade Honeys Stärke, aber da wir inzwischen schon sechs Jahre zusammen waren, dachte ich, ich könnte ihr zuliebe ein kleines Wagnis eingehen.

„Okay", antwortete ich, „ich fände es schön, den Tag mit dir zu verbringen. Sag mir, was ich anziehen soll." Diese Bitte entpuppte sich als der Schlüssel zu Honeys Geheimnis.

„Nichts. Überhaupt nichts", antwortete sie. „Du mußt nur morgens aufwachen und zu allem bereit sein."

25. März. Ich schlug die Augen auf, hüllte mich in meinen plüschigen lila Bademantel und setzte Wasser auf. Honey Lee

schien es nicht besonders eilig zu haben, doch ich zog keine voreiligen Schlüsse.

„Um zehn kommen ein paar Gäste", verkündete sie.

Ich nippte an meinem Tee und malte mir aus, was wohl auf mich zukommen könnte. Zwei Wochen zuvor hatte ich Honeys Einkäufe weggeräumt und war dabei auf eine neue Taschenbuchausgabe von *Die Geschichte der O* gestoßen. Was ihre Sexphantasien betraf, konnte Honey Lee Pauline Réages klassischem SM-Roman in jeder Hinsicht das Wasser reichen, aber sie beschränkte sie auf das Reich der Tagträume, ohne sie je auszuleben. Honey hatte mich noch nie gefesselt oder verhauen. Sie meinte, in der Realität würde ihr von solchen Dingen schlecht. Wollte sie gar am Ende meines dritten Lebensjahrzehnts eine Wendung um hundertachtzig Grad vollziehen?

Ich vernahm schwere Schritte vor der Wohnungstür. Und welche unserer Freundinnen war so groß, daß sie sich den Kopf am Türrahmen stoßen würde? Aber vor mir stand keine Lesbe. Statt dessen sah ich mich einem Zwei-Meter-Mann gegenüber – mit Yul-Brynner-Glatze und einem riesigen Holztisch vor der Brust.

„Darf ich dir deinen Masseur vorstellen – Patrick. Er wird die nächsten zwei Stunden mit dir verbringen", verkündete Honey Lee. „Ich komme wieder, wenn er mit dir fertig ist."

Mir verschlug es die Sprache. Sie wollte mich mit diesem Riesen allein lassen? Patrick baute seinen Massagetisch auf und warf ein Flannellaken darüber. Ich schlüpfte aus meinem Bademantel und dachte: „Na, dann mal los!" Wenn Honey Lee mich auf etwas vorbereiten wollte, brauchte ich garantiert die vollen zwei Stunden Massage.

Der Masseur behandelte jede Partie meines Körpers und ließ auch nicht den kleinsten Muskel aus. Er wusch meine Füße, bürstete mein Haar und knetete und walkte mich durch, bis ich wie auf Wolken schwebte. Als Honey Lee zurückkehrte, fühlte sich mein Gesicht an wie das eines Babys, und ich konnte nur noch ein Dankeschön murmeln. Als sie mir eine Tasse Tee reichte, klingelte es erneut an der Tür.

„Deine Garderobiere ist da."

Herein trat ein blondgelockter Engel. Meine Freundin Debi, die als Stripperin arbeitet. Sie trug eines ihrer ausgefallendsten Kostüme, weiße Satinunterwäsche mit Perlen, und war von oben bis unten in einen durchsichtigen Schleier gehüllt. Doch die Kleider, die sie für mich mitgebracht hatte, übertrafen noch ihr eigenes unerhörtes Outfit.

Als erstes schnürte sie meine Taille in eine enge Ledercorsage, bis ich wie eine Sanduhr aussah. Dann hieß sie mich schwarze Seidenstrümpfe anziehen und schminkte mir meine Nipples rot. Honey Lee holte ein schwarzes Kleid aus Satin und Tüll hervor, das meine Brüste zur Schau stellte, meine Hüften und Oberschenkel aber verbarg. Die Spitzenränder meiner Strümpfe blitzten nur knapp über den Rand der schenkelhohen Stiefel mit Stiletto-Absätzen, die mir gereicht worden waren. Debi legte mein Haar in Wellen und schminkte meinen Mund mit demselben Lippenstift, mit dem sie schon meine Nipples verziert hatte. Welch vollendete Schönheit! Als sie mit mir fertig war, fiel mir angesichts meines Körpers nicht die kleinste Mäkelei ein. Ich sah in den Spiegel und erblickte Madame Venus.

Honey griff einige Päckchen und schickte sich an, zum Auto zu gehen. „Ich kann unmöglich so vor die Tür gehen!" protestierte ich. Aber Debi hatte selbst daran gedacht. Schon wickelte sie mich in ihren scharzen Lack-Trenchcoat. Nun fühlte ich mich wie eine Sexsklavin in Emma-Peel-Verpackung.

Debi küßte mich und gab mir einen letzten gutgemeinten Ratschlag. „Von jetzt an wirst du schweigen müssen", sagte sie. „Alles, was du Honey Lee oder mir noch zu sagen hast, solltest du jetzt sagen."

Ich weiß nicht warum, aber ich brach in Tränen aus. „Ich liebe euch so sehr ... und ich fürchte mich ein bißchen vor dem, was ihr geplant habt ... und ... ich weiß nicht, ob ich den Mund halten kann", gestand ich.

Honey nahm mein Gesicht in ihre Hände. „Einige Abschnitte des heutigen Tages werden dir möglicherweise hart zusetzen, Susie, aber ich glaube nicht, daß du es bereuen wirst. Vertraust du mir?"

Ich nickte, aber mein Herz schlug einen dreifachen Salto. Ich phantasiere immer über Unterwerfung, aber in Wirklichkeit bin ich ein fanatischer Kontrollfreak. Ich haßte sie dafür, mich einer solchen Prüfung auszusetzen, und ich konnte kaum glauben, welchen Aufwand sie zu deren Vorbereitung betrieben hatte.

Obwohl es mir eben noch so schwergefallen war, mir vorzustellen, meine Lippen seien versiegelt, wollte ich plötzlich gar nichts mehr sagen. Honey Lee begleitete mich zum Auto. Debi, immer noch in BH und G-String, brauste in ihrem Saab davon.

Es gab nur wenige Freundschaften und Geheimnisse, die Honey Lee und ich nicht teilten, und ich kenne mich in der Stadt viel besser aus als sie. Als wir eine halbe Stunde lang herumgekurvt waren, nur um schließlich in einer der übelsten Gegenden der Stadt zu landen, war ich mir sicher, daß sie sich verfahren hatte. Und das war nun wirklich die einzige Folter, die ich nicht ausstehen kann. Ich wollte gerade das mir auferlegte Schweigen brechen und sie bitten, mich ans Steuer zu lassen, als sie zielstrebig einparkte. „Wir sind da!" grinste sie.

Na großartig. Sollte ich etwa bis zur nächsten Ecke Pirouetten drehen, um mich dort vergewaltigen zu lassen? Aber Honey Lee führte mich zu den ausgetretenen Stufen des viktorianischen Hauses, das vor uns aufragte. Sie klingelte, der Summer ertönte, und Honey hieß mich vorangehen – in den zweiten Stock.

Die Tür am Ende des Flurs öffnete sich, und mir blieb der Mund offenstehen. Wir wurden von einem Mitglied des San Francisco Police Department empfangen – in voller Uniform! Ich erkannte in ihr eine der Polizistinnen wieder, die in der Umgebung meines Büros arbeiteten, hatte aber noch nie mehr als einen Gruß mit ihr gewechselt. Honey Lee und sie schüttelten sich die Hände, als wären sie die dicksten Freundinnen.

„Kelly, wie geht es dir?" begann Honey das Gespräch.

„Ich wollte gerade los zum Dienst. Ich muß nur noch meine Stiefel wienern."

„Welch ein Zufall", entgegnete Honey. Beide sprachen wie Roboter. „Rein zufällig habe ich mein Schuhputzzeug dabei. Ich glaube, Susie würde deine Stiefel gern auf Hochglanz bringen."

Ich brach mein Schweigen. „Ich weiß gar nicht mehr, wie man das macht."

Honey schnaubte. „Schäm dich! Wir werden es dir schon wieder beibringen."

Honey reichte mir einen Schuhputzkasten mit all den nötigen Utensilien. In einer Ecke klebte ein kleiner Notizzettel, auf dem zu lesen war: „Ich komme wieder, um dich abzuholen. Gib dein Bestes! In Liebe, René."

In der *Geschichte der O* stellt René den Liebhaber dar, der von O als Beweis für ihre Liebe und ihren Gehorsam verlangt, sich anderen Männern zu unterwerfen. Meine Vorahnungen bewahrheiteten sich allem Anschein nach.

Kelly führte mich in ihr Schlafzimmer. Sie hatte zwei junge Leute zu Besuch, eine Frau und einen Mann, die mich von oben bis unten musterten. „Dürfen wir zusehen?"

Kelly nickte zustimmend. Ich kramte die schwarze Schuhcreme hervor und versuchte mich zu erinnern, zu welchem Zeitpunkt die Spucke dazukam. Kelly stellte sich als sehr geduldig heraus. Tatsächlich hatte ich ein Schmusekätzchen von Polizistin vor mir. Sie merkte, daß ich immer wieder zu ihrem Pistolenhalfter aufschaute, und nachdem ich ihren robusten Dienststiefeln zu größtmöglichem Glanz verholfen hatte, zog sie mich hoch und fragte: „Willst du meinen Gürtel mal anprobieren?" Sie entleerte das Magazin ihres Revolvers und zeigte mir, wo

Munition, Schlagstock, Handschellen und Taschenlampe verstaut waren. Sie schlang das Ding um meine Hüften. Alles in allem muß es an die dreißig Pfund gewogen haben.

„Wie bringst du es bloß fertig, damit böse Jungs zu jagen?" Ich brach noch einmal das Schweigegebot, aber Honey war ja nicht in der Nähe, um mich zu überwachen.

„Ich habe keine Lust zu sterben", antwortete sie. Sie zog es vor, im Dienst stets unter einer kugelsicheren Weste zu schwitzen.

„Honey Lee wird jeden Moment zurückkommen", sagte ich, während ich mein ursprüngliches Kostüm wieder zurechtzupfte. „Du erzählst ihr besser nicht, daß ich geredet habe."

Kelly lieferte mich mit besten Empfehlungen und ohne zu petzen bei Honey Lee ab. Dann fuhr Honey Lee uns über die Hügel in ein Viertel, das als Yuppie-Paradies gilt.

„Jetzt kommt der härteste Teil", sagte sie, „möglicherweise für mich schlimmer als für dich." Wir näherten uns der Wohnung unserer Freundin Coral.

Coral würde ich als eine SM-Gourmette bezeichnen. Ihr Zuhause ist ganz auf Sexspiele zugeschnitten. Ihre Sammlung an Sexspielzeugen, insbesondere Peitschen würde einem Museum alle Ehre machen. Honey Lee und ich haben es immer genossen, mit Coral über Sex, Schmerz und Lust zu reden, aber wir haben uns immer nur auf theoretischer Ebene damit befaßt und sind nie zur Praxis übergegangen. Ich fragte mich, welche Art von Menü Coral für mich zusammengestellt haben mochte, denn wenn ich weiterhin die O war, würde sie als Sadistin auftreten müssen, und das, so wußte ich, wäre ein Rollentausch für sie.

Ich hätte mir denken können, daß Coral den Schmerz und die Lust, die sie sich selbst gern bereiten läßt, ebensogut austeilen konnte. Sie ließ uns in den unteren Bereich ihres Penthouse eintreten, wobei sie ein Maß an Autorität und Gemeinheit ausstrahlte, das ich niemals zuvor an ihr wahrgenommen hatte.

„Natürlich ist das hier für mich sehr ungewöhnlich", gab sie zu, „aber ich mache gern Ausnahmen für besondere Schönheiten und für Novizinnen."

Sie und Honey Lee nahmen mich mit ins Schlafzimmer und wiesen mich an, das Gesicht zum Fenster zu drehen, während sie darüber sprachen, was mit mir geschehen sollte. Trotzig drehte ich mich um.

„Hör mal, Coral, warum tauschen wir nicht einfach die Rollen, und ich lege dich ordentlich übers Knie? Eigentlich sollte ich euch beiden eine dafür kleben, daß ihr mich so erniedrigt."

Die beiden konnten meine Dreistigkeit nicht fassen. „Das macht auf der Stelle zehn Schläge extra", fauchte Honey Lee.

„Mit dem Rohrstock", fügte Coral hinzu.

„Mit einem Rohrstock! Aber ich bin noch nie in meinem Leben auch nur mit dem Staubtuch geschlagen worden!" rief ich.

Corals Augen nahmen plötzlich einen verdächtigen Glanz an. O ja, ich war für sie eine Novizin! Eine masochistische Jungfrau. Die beiden befahlen mir, mich auszuziehen, ein Kleidungsstück nach dem anderen, und in äußerst erniedrigender Weise für sie zu posieren. Ich beugte mich in meinen Lederstiefeln vornüber und fuhr mit dem Finger über die Stelle zwischen meinem Arschloch und meiner Möse. Ich ließ die Perlenkette zwischen meinen Beinen hin- und hergleiten. Mutig drohte ich ihnen: „Nur zu, ihr Arschgeigen, wenn das hier vorbei ist, zahle ich es euch doppelt und dreifach heim!" Schließlich war ich fast nackt, bis auf die Strümpfe, das Korsett und Mutters Straßkette.

Coral befahl mich zu sich, während sie eine kleine schwarzrote Lederpeitsche aus der Hüfttasche zog. „Ich werde dir den Griff reichen, und wenn du sie mir zurückgibst, heißt das, daß du meine Autorität anerkennst."

Ich ließ mir reichlich Zeit mit dem Zurückgeben. Auf der ganzen Welt gibt es niemanden außer Coral, bei der oder dem ich es auch nur im entferntesten in Erwägung gezogen hätte, mich schlagen zu lassen. Ich vertraute Corals Sensibilität und ihrem Können, aber ich wußte einfach nicht, welche Reaktion der Schmerz bei mir auslösen würde.

Honey Lee schien meine Gedanken zu lesen. „Tu es für mich, Susie", bat sie und küßte mich auf den Mund und das Haar. Sie schlüpfte in ihre Jacke.

Ich fing an zu weinen. „Heißt das, daß du nicht hierbleibst?" schluchzte ich.

„Ja, aber ich werde in der Nähe bleiben", versprach sie.

Ich sah, daß es ihr diesmal schwerer fiel zu gehen, und mir leuchtete nicht ein, warum das sein mußte.

Coral bedeutete mir, mich bäuchlings auf dem Bett auszustrecken, und legte meinen Handgelenken und Knöcheln dicke fellgefütterte Lederfesseln an. Sie wurden mit Ketten an Ringschrauben im Boden befestigt. Ich konnte mich überhaupt nicht mehr rühren. Ich flatterte einen Moment vor Panik. Obwohl nur noch wir beide uns im Zimmer befanden, schämte ich mich mehr denn je zuvor und vergrub meinen Kopf im Laken. Ich wollte nicht sehen, was auf mich zukam.

Etwas Rauhes, Dickes strich über meinen Rücken. Es war ein Pferdeschweif! Coral ließ ihn zuerst sanft über meinen Hintern gleiten und versetzte mir dann einen leichten Schlag. Es stach nur ein bißchen, und bevor ich den Schmerz registriert hatte, spürte ich einen weiteren zärtlichen Schlag auf demselben Fleck. Der Schweif fühlte sich ganz unterschiedlich an, je nachdem, wie sie mich damit berührte.

„Schau dir an, was du als nächstes zur Auswahl hast", sagte Coral. Vor meiner Nase lagen fünf Peitschen: eine geknotete, eine dicke mit vielen Streifen, eine Reitgerte, eine Klatsche und ein Rohrstock, wie ihn Schwester Teresa in der fünften Klasse immer benutzt hatte. Ich hatte mich früher als Streberin hervorgetan und den Rohrstock daher nie zu spüren gekriegt. Jetzt stieg das perverse Verlangen in mir auf, damit verhauen zu werden. „Ich will alles ausprobieren", sagte ich, „aber steigere es langsam bis zum Härtesten."

Und wie Coral es steigerte! Sie wechselte von einer Peitsche zur nächsten, strich mit jeder zuerst über meine Arschbacken, damit ich die jeweilige Beschaffenheit einschätzen konnte. Darauf folgten schnelle, leichte Schläge, und schließlich schlug sie härter zu. Sie schob ihre Hand unter mich und drückte meine Klit zwischen ihren Fingern. Das kam so gut, daß ich fast meine Fesseln sprengte.

„Du machst mich rasend!" schrie ich.

Woraufhin sie natürlich lachen mußte. Inzwischen war mein Hintern schon gut gerötet. Die Gerte, die sie jetzt benutzte, hatte mit dem ersten Pferdeschweif nicht mehr viel gemeinsam. Sie brannte wie Feuer. Ich hatte das Gefühl, als würde mein Unterleib ein Eigenleben führen. Als Coral nach meiner Möse faßte und ihre Fingerknöchel in mich hineindrückte, stöhnte ich auf und ließ die härtesten Schläge über mich ergehen. Nur dadurch, daß sie mich fickte, wurde der Schmerz erträglich.

Ich mußte um eine Pause bitten. Die Tränen liefen mir nur so übers Gesicht, aber mein Kopf war ganz klar. „Coral, wie soll ich diesen Schmerz bloß ertragen? Er ist so intensiv. Ich weiß gar nicht, wie ich damit klarkommen soll."

Sie strich mir die Haare aus der Stirn und half mir dabei, mir die Nase zu putzen. „Du kannst es auf verschiedene Weise betrachten. Wenn ich mich schlagen lasse, stelle ich mir gern vor, daß ich es verdiene, bestraft zu werden."

„Das kann ich nicht!" schluchzte ich. „Ich habe genau das Gegenteil gedacht ... daß ich das nicht verdient habe! Ich habe doch nichts Schlimmes getan."

„Du könntest es für Honey Lee ertragen. Ich weiß, daß ihr das gefallen würde."

„So würde die O damit umgehen, aber dafür bin ich viel zu egoistisch."

„Dann tu's eben für dich. Viele genießen die Intensität des Schmerzes, indem sie sie auf ihre Klit oder ihre Nipples übertragen."

„Möglich. Wenn du meine Klit reibst und mich fickst, kann ich der Peitsche wenigstens ein bißchen was abgewinnen, weil meine Möse den Schmerz direkt aufsaugt."

Ende der Pause. Der Rohrstock, dieses ein Meter fünfzig lange Bambusteil, stand noch immer in der Ecke. Ich konnte mir beim besten Willen nicht vorstellen, wie dieses Ding irgendeinem meiner Körperteile eine erotische Reaktion entlocken sollte.

Coral fuhr mit den Fingern leicht über eine sternförmige Strieme auf meiner linken Arschbacke. Die Stelle pochte. Sie griff nach dem Rohrstock und zog ihn der Länge nach durch meine Arschritze. Er fühlte sich hart und unnachgiebig an. Er schnitt fauchend durch die Luft. Als er auf meinem Hintern landete, wurden meine Beine zu Götterspeise, und zum ersten Mal schrie ich aus vollem Hals. Ich schrie so laut, daß ich vor mir selbst erschrak. Noch einmal traf der Stock, und ich schrie mir die Seele aus dem Leib.

„Coral, bitte, bitte, ich kann nicht mehr, bitte, o Göttin, ich kann nicht mehr!"

Vielleicht waren das meine Worte, ich weiß es nicht. Ich erinnere mich nur, um Gnade gefleht zu haben. Coral hörte sofort auf. Meine Grenze war erreicht. Sie bestand nicht darauf, die Strafe, die sie mir vorher für meine vorwitzigen Bemerkungen angedroht hatte, zu Ende zu vollziehen. Coral löste meine Handfesseln auf der Stelle und nahm mich in die Arme. Es gibt nichts Schöneres, als getröstet zu werden, nachdem dir so weh getan wurde. Ich hätte mich gern stundenlang an sie geklammert.

„Deine Geliebte wartet", sagte sie, entzog sich meinen verschwitzten Armen und löste meine Fußfesseln. Ich rappelte mich hoch und hob meine Stiefel auf. Alles schien tonnenschwer zu sein.

„Coral, für das, was du mir angetan hast, wirst du fürchterlich bestraft werden!" Ich wußte, das würde sie glücklich machen.

Ich sammelte meine Sachen zusammen und trat an das Fenster, das zur Straße hinausging. Als ich nach unten blickte, sah ich, daß unser Auto noch dort geparkt war und Honey Lee darin saß. Sie trug ihre verspiegelte Sonnenbrille und starrte zu unserem Stockwerk hoch. Wovon hatte sie wohl die ganze Zeit geträumt, während sie das Fenster beobachtete?

Ich glaube, Honey hatte mich noch nie so gelassen gesehen, wie in dem Augenblick, als ich auf den Beifahrerinsitz glitt. „Du siehst aus wie eine Heilige", bemerkte sie in Anspielung auf die Selbstkasteiungen der Mystikerinnen.

„Na ja, du weißt, wie religiöse Erfahrungen sein können", flüsterte ich.

Ich war kein bißchen überrascht, als sie einen langen weißen Schal aus dem Handschuhfach holte und mich anwies, ihr den Kopf zuzuwenden. Sie wand ihn mir ein paarmal um die Augen. Ich versuchte noch nicht einmal, die Richtung nachzuvollziehen, in die wir fuhren. Ich verspürte keinerlei dringendes Bedürfnis. Ich spürte nur das Pulsieren der Striemen auf meinem Hintern.

Als wir schließlich anhielten und ausgestiegen waren, führte Honey Lee mich einen schmalen Gehweg entlang in ein Haus und in einen niedrigen Raum. Wir waren wieder daheim. Ich konnte Stimmen der Bewunderung hören, als ich ins Zimmer trat. Viele Hände, zu viele, um sie zu zählen, griffen nach meinen Kleidern und zogen mich aus. Sie hoben mich auf ein weiches Bett, aber ich konnte immer noch nicht einschätzen, wie viele oder wessen Hände es waren. Ich wurde am ganzen Körper geküßt. Öl tropfte auf meine Brust. Zahllose Finger massierten mich. Jemand hob mein Kinn und ließ ein kühles Stück Pfirsich in meinen Mund gleiten. Ich roch den Champagner erst, als das Glas an meine Lippen geführt wurde. Ein paar Tropfen rannen meinen Hals hinab, ein kühler Mundvoll umspülte meinen Nipple. Ich versuchte zu zählen, wie viele Menschen um mich waren oder ihre Stimmen zu unterscheiden, aber es gelang mir nicht. Sie wechselten ständig die Plätze, und ich konnte mich nicht auf mehr als drei Gefühle gleichzeitig konzentrieren. Ich war so feucht und warm und pulsierend, daß ich an nichts mehr denken wollte.

Dann begann mich jemand innig zu küssen: Honey Lee. Die anderen Hände und Zungen verschwanden – nicht nur aus meiner Phantasie, sondern wirklich. Honey ließ nicht ab von meinen Lippen, aber ansonsten wurde mein Körper ganz ruhig.

Sie nahm mir die Augenbinde ab. Wir waren allein.

„Kommen sie zurück? Sag mir sofort, wer das alles war!" Ich ahnte schon, daß sie mir das nicht verraten würde. „Wie soll ich zur Arbeit gehen oder meine FreundInnen anrufen, wenn ich nicht weiß, wer Sex mit mir hatte?"

Honey verriet kein Sterbenswörtchen. „Hat dir dein Geburtstag gefallen, Susie?"

In der darauffolgenden Woche zog ich unter den Rechnungen, die sich im Briefkasten türmten, einige handschriftlich adressierte Umschläge hervor. Ich öffnete den ersten und fand ein Polaroidfoto von meiner Freundin Miranda darin, die etwas Unerhörtes mit meinen Zehen anstellte und dabei von sieben Paar geschäftigen Händen umgeben war. „Deine Füße waren göttlich!" hatte sie am Rand angemerkt. Ähnliche Umschläge folgten.

„Ich frage mich, wie viele von diesen Fotos sich im Umlauf befinden", sagte ich laut. Aber die O hätte sich so etwas nie gefragt. Sie hätte die Geschichte in allen Einzelheiten aufgeschrieben. Wie ich.

Von Delphinen und anderen Fabelwesen

Meine Mami versprach,
wär ich schön brav,
dann kauft sie mir
ein Gummitier.

Doch Tantchen sagt,
ich küßt 'n Soldat,
nun kauft sie mir
kein Gummitier.

Was täte ich, wenn ich einen Schwanz hätte? An meinem derzeitigen Körper würde mich ein Schwanz sehr unglücklich machen. Er würde das ganze Bild ruinieren. Manchmal stelle ich mir vor, wie es wäre, mit einem Schweif oder Flügeln oder Klauen ausgestattet zu sein, aber ein Schwanz, der unterhalb meines weichen Bauches hervorlugte, wäre ein grober Makel. Ich käme mir vor wie eine Transsexuelle, die im falschen Körper gefangen ist.

Was aber, wenn ich ein Mann wäre? Dann hätte ich natürlich einen Schwanz. Meine Freundin Sarah Schulman hat einmal eine Geschichte geschrieben, in der eine Lesbe eines morgens mit einem Schwanz aufwacht. Im Laufe des Tages landet sie irgendwann im Central Park, um jemanden abzuschleppen, und trifft einen Kerl in den Büschen, der an ihr runtergeht. „Ann hatte sich schon immer gewünscht, einmal ‚Lutsch meinen Schwanz' sagen zu können, denn sie war zwar schon oft dazu aufgefordert worden, hatte es aber noch nie selbst sagen können."

Ich würde das auch gern einmal sagen. Wäre ich ein Mann und hätte ich einen Schwanz, gehörte es zu meinen Lieblingsdingen, morgens mit einem Steifen aufzuwachen. Ich würde den Arsch meiner Liebsten an meinem Schwanz spüren, wenn sie ihren Hintern gegen meinen Bauch drückt. Oder vielleicht würde sie sich auf mich setzen oder mich wecken, indem sie meinen Schwanz lutschte. Männer haben morgens, wenn sie erwachen, immer diesen seligen Gesichtsausdruck. Ich würde das gern mal nachempfinden. Ich hatte einmal eine Freundin, die rosig anlief, wenn ich sie weckte, indem ich an ihren Nipples saugte. Vielleicht stammt mein Neid einfach nur daher, daß ich immer als erste aufwache.

Aber wenden wir uns dem körperlosen Schwanz zu – dem klassischen Dildo, auf den ich so stehe. Ich nenne unzählige Varianten mein eigen und kann mir nichts vorstellen, was ich noch nicht mit ihnen getrieben hätte – einen umzuschnallen und zu flüstern „Lutsch meinen Schwanz!" eingeschlossen. Natürlich genieße ich es am meisten, mit dem Dildo zu ficken oder gefickt zu werden. Gelegentlich lutsche ich auch einmal einen, und falls er aus Gummi oder Kunststoff besteht, kaue ich auch mal darauf herum. Manchmal vergnüge ich mich auch damit, mir einen in die Jeans zu packen oder ein paar zum Schmelzen in die Pfanne zu hauen, um neue Formen zu gestalten.

Ich bin mir bewußt, daß ich mich mit meiner Dildo-Manie an der Grenze des Normalen bewege. Diese Gummipüppchen werden immer noch mißinterpretiert. Ob aus Elfenbein geschnitzt (Vorsicht: Artenschutz!) oder biologisch angebaut und an der Gemüsetheke im Supermarkt erstanden – das beliebteste und dauerhafteste erotische Accessoire der Welt wird viel zu häufig als blasse Imitation verhöhnt.

Ich entwickelte mich zur Dildo-Propagandistin, um die Ängste einiger lesbischer Feministinnen zu lindern, die glaubten, ein Spielzeugschwanz würde sie auf magische Weise heterosexualisieren. Ich nahm an, daß ich damit zu einem sehr kleinen Publikum über ein Thema sprach, das nur Eingeweihte etwas anging, doch die lesbische Scheu vor Plastikschwänzen entpuppte sich als bloßes Nebenprodukt einer uralten, weltweiten Verachtung.

Die feministische Kritik am Latexschwanz ist nur eine moderne Spielart dieser Verachtung.

Das am weitesten verbreitete Vorurteil lautet, Dildos seien nur etwas für alte Jungfern, einsame Herzen und sonstige Mauerblümchen, die keinen abgekriegt haben. Mein Freund Spain, ein Comiczeichner, verewigte kürzlich in einem Buch mit dem Titel *Young Lust* den typischen Dildohasser. Seine Heterofigur (bzw. sein Alter ego), die sinnigerweise „Der Sexist" heißt, beschließt seine Haßtirade gegen künstliche Penetration mit der vernichtenden Anklage: „Warum willst du dir ein totes Plastikteil reinschieben, wo du doch was Lebendiges, Echtes haben kannst – etwas, das für dich schön hart wird?"

Ja, warum? Wir beiden stritten uns heftig darüber. Viele nette und durchaus lebendige menschliche Wesen genießen es, ohne echten Schwanz zu ficken, wohingegen manch „glückliches" Paar mit dem „echten" Teil leidenschaftslos „Geschlechtsverkehr" praktiziert. Ein „echter" Schwanz wird vielleicht hart, aber er führt sich nicht immer schön auf.

Nach diesem Streitgespräch fühlte ich mich versucht, eine „Fairer Umgang mit Dildos"-Doktrin zu verfassen. Dichtung von Wahrheit zu unterscheiden. Den Bewußtseinsstand der Welt zu heben.

Ficken kann sich gut anfühlen – diese Prämisse liegt der Beliebtheit von Dildos zugrunde –, und wenn wir uns schon mit der Penetration befassen, warum dann nicht dafür sorgen, daß sie genau unseren Wünschen entspricht? Menschen, die Dildos benutzen, verfügen über eine unendliche Vielfalt an möglichen Formen, Größen, Beschaffenheiten und Farben. Schon allein hier liegt Stoff für endlose Phantasien. Natürlich stellen Dildos auch die süße Rache derjenigen dar, die eben doch auf Größe abfahren. Bei der Wahl eines Dildos ist häufig die Größe ausschlaggebend. Sorgfältige Vergleiche mit unterschiedlichen Möhren lehren jedes Unschuldslamm die persönliche Bandbreite möglicher Befriedigung: von dick und kompakt bis rank und schlank.

Meine Freundin June, eine Lesbe, die es einst nach San Francisco zog, stellt ihren Adam Zwo (achtzehn Zentimeter lang, fünf Zentimeter Durchmesser) voller Stolz auf dem Wohnzimmertisch zur Schau – eine Frau, die schon allen nur erdenklichen Anschuldigungen ausgesetzt war und trotzdem nichts auf ihren Gummischwanz kommen läßt. „Die Vorstellung, daß allein der hochverehrte Finger oder die kostbare Zunge deiner Geliebten dich befriedigen soll, halte ich für romantischen Mist", ereifert sie sich. „Die Leute heiraten doch auch nicht wegen der Schwanz- oder Faustgröße ihrer Liebsten. Und dennoch wird allgemein erwartet, daß wir so tun, als seien Liebe und ein netter Charakter die einzigen Zutaten für guten Sex."

Wo Dildos benutzt werden, spielen oft auch Voyeurismus und Ersatzvergnügen eine große Rolle. Mein achtunddreißigjähriger Nachbar Andrew ist stolzer Besitzer von einem Dutzend Dildos. Seinen ersten – einen leicht verbeulten kleinen Vibrator – fand er vor zehn Jahren im Umkleideraum eines Sportstudios. „Ich nahm ihn mit nach Hause und stellte ihn zunächst auf den Wohnzimmertisch – er eignete sich vorzüglich, um das Eis zu brechen. Eines Tages langweilte ich mich. Also wechselte ich die kleine Batterie und schob mir den Vibrator in den Arsch. Ich kam so heftig, daß ich hinterher völlig ausgepowert war. Erst zwei Wochen später schaffte ich es, ihn meinem Geliebten zu zeigen. Da erlebte ich meine zweite lustvolle Überraschung. Er wußte bereits alles, was es über Dildos zu wissen gab ... Heutzutage gelten Dildos als schick, oder es ist zumindest nicht ungewöhnlich, sie zu benutzen, weil Safer Sex eine so große Rolle spielt. Aber meine ursprüngliche Begeisterung hatte damit nichts zu tun."

Was Leute mit ihnen treiben, ist meilenweit vom Geschäft mit Dildos entfernt – das mittlerweile eine ganze Industrie bildet.

Die typische Produktionsstätte samt Lagerhaus für sexuelle „Hilfsmittel" nimmt einen ganzen Block ein und befindet sich in einem koreanischen oder schwarzen Viertel von Los Angeles. Der Hersteller, seit dreißig Jahren im Geschäft, legt großen Wert auf Diskretion – unter anderem, weil er gerade von der texanischen Staatsanwaltschaft wegen „interstaatlichem Transport obszöner Waren" vorgeladen wurde. Im Staate Texas wird der Besitz von mehr als sechs Gummitieren als „Werbung für Dildos" geahndet und stempelt dich zum Dildo-Dealer. Die Sexspielzeug-Industrie wird ständig von politisch engagierten Bibelfanatikern angegriffen. Ich selbst würde diese Industrie allerdings nicht für irgendeine obskure Form von Obszönität oder als Gefahr für die Allgemeinheit kritisieren, sondern schlichtweg für die Unerschütterlichkeit, mit der sie mittelmäßige Qualität produziert.

Seit Jahrzehnten fabrizieren eine Handvoll Hersteller in den USA und Hongkong dieselbe Art von abgedroschenen, pseudoweißen Gummischwänzen – gelegentlich mit Luftblasen oder Pockennarben versehen. Die erhältlichen Größen bewegen sich zwischen riesig und monströs. Frauensexshops wie *Good Vibrations* in San Francisco und *Eve's Garden* in New York mußten diese Hersteller jahrelang beknien, bis sie endlich in bezug auf Farbe, Beschaffenheit und Größe einige Alternativen in ihre Angebotspalette aufnahmen.

Ein Erfinder von den westindischen Inseln, der als Heilpraktiker in Brooklyn arbeitete, brachte die erste echte Neuerung in Sachen Dildos hervor: Gosnell Duncan, der Gründer von *Scorpio Products,* einer Kollektion von Dildos aus einer Silikonmischung mit einer breiten Auswahl an Farben und Formen. Es finden sich dort Dildos in Schwanz- oder Säulenform, und die erhältlichen Farbtöne rangieren von Flieder über einen sahnigen Honigton bis zu tiefbraunen Schattierungen.

Duncan trieb seine Erfindung voran, weil er sich mit der Verbreitung von Sexinformationen an behinderte Männer befaßte, die nicht erektionsfähig waren. Duncan selbst hatte in jungen Jahren einen Unfall erlitten, der ihn diesbezüglich behinderte: „Es war für mich zunächst nur ein Experiment. Doch später hörte ich von Transsexuellen in Kanada, die sich für Produkte aus dem von mir entwickelten Material interessierten."

Duncans neue „Hilfsmittel" waren zunächst nur schwer erhältlich und teuer. Aber sie schlugen alles, was es bis dahin auf dem Markt gab, um Längen und stießen auf eine rege Nachfrage. Als Erfinder und Sexerzieher war Duncan wahrscheinlich der erste Dildo-Produzent, der sich ernsthaft für das Begehren und die Bedürfnisse seiner KundInnen interessierte.

Die schwulen Lederläden in San Francisco boten weiteren Nährboden für Sexspielzeuge. Aus Leder genähte Dildos fanden großen Anklang. Raffinierte Latexdesigns aus Europa wie zum Beispiel der aufblasbare holländische Dildo – damals ein absolutes Muß – machten die Szene-Neulinge während des Dildo-Booms der achtziger Jahre an.

Zusammen mit all den anderen Lesben, die sich in Frauensexshops mit Dildos eindeckten, fand ich mich in einem Dilemma wieder. Eine stürmische Debatte darüber, ob es nun für „korrekt" zu befinden sei, daß wir den Phallus zurückforderten, fegte über uns hinweg. Aber die hochgezogenen Augenbrauen veranlaßten nur noch mehr Neugierige dazu, aus ihren Löchern zu krabbeln.

In den frühen achtziger Jahren arbeitete ich bei *Good Vibrations* und befand mich sozusagen im Kontrollturm der Sexspielzeug-Debatte. Ich beobachtete den Unterschied zwischen der Einstellung der Kundinnen zu Anfang und gegen Ende ihrer Besuche im Laden. Eine meiner damaligen lesbischen Kundinnen, Sharon, ist heute Anfang Vierzig. Sie erinnert sich noch genau an ihr erstes Mal am Dildo-Tresen von *Good Vibrations:* „Das war 1985, und ich hatte den Eindruck, daß ich meine fünfköpfige Frauenwohngemeinschaft nicht betreten konnte, ohne mitten in einem Streit über Sex zu landen. Thematisch handelte es sich um einen Mischmasch aus S/M und Butch/Femme. Im Grunde drehte es sich aber um das Verlangen, zu ficken und gefickt zu werden. Meinen ersten Dildo und Harness habe ich heimlich gekauft."

Sharons Erinnerungen wecken bei Lesben, die zum ersten Mal lesbischem Schwanzbewußtsein ausgesetzt sind, mehr als schlichte Nostalgie. Selbst eine Frau ohne Vorurteile wird mit größter Sicherheit entweder in Lachen oder Stöhnen ausbrechen, wenn sie sich zum ersten Mal mit einem Dildo um die Hüften geschnallt im Spiegel betrachtet.

„Ich habe über mich selbst mit einem ‚Phallus' nie nachgedacht", erinnert sich meine Freundin Lorraine, eine lesbische High-School-Lehrerin, deren Sexualkundeunterricht konzeptionell wesentlich gewann, nachdem sie sich ihren ersten Dildo gekauft hatte. „Ich bin an diese Spielzeuge eher naiv rangegangen. Ich dachte, es sei lustig, mal was anderes. Ich hatte ganz und gar nicht damit gerechnet, wie anders es sich anfühlen würde, meine Freundin mit einem Dildo, statt mit meiner Hand zu ficken. Zuerst kam ich mir lächerlich vor. Dann überwältigte mich eine Woge von Euphorie, auf die schließlich noch größere Scham folgte. Ich hatte mich selbst immer als androgyn eingeschätzt, eher so durchschnittlich, nicht als eine Frau mit starken maskulinen Begierden oder Spuren einer maskulinen Identität. Am nächsten Morgen mußte ich mich kneifen, um festzustellen, ob ich immer noch ich selbst war."

Lorraines Ex-Geliebte, Gloria, lernte ich einige Jahre später kennen. „Ich bin eine klassische Femme und lehne mich am allerliebsten zurück", meinte sie. „Lorraine hat sich damals diesen Schwanz gekauft, um mich zu ficken, und ich genoß es. Sie selbst hat diese Erfahrung befreit. Es ist oft schwierig, Butches aus sich herauszulocken. Manchmal hilft nur noch ein Dildo, um zum Kern der Sache zu kommen. Ich lege keinen Wert darauf, mit einem Mann zu ficken, aber eine Frau mit Dildo kann sich meiner ganzen Aufmerksamkeit sicher sein. Das liegt nicht nur am Spielzeug – es bringt einen ganz eigenen Teil ihrer Persönlichkeit zutage."

Ich konnte mich nicht bezähmen, Gloria zu fragen, ob sie je mit ihren Butches die Rollen getauscht hat. „Na ja, ein paarmal. Ich bin ziemlich romantisch in bezug darauf, wer von uns was zu tun hat, und ich fühlte mich nur in Gegenwart von unerfahrenen Lesben oder Heterofrauen wirklich ungehemmt genug, mir einen Dildo umzuschnallen. Ich liebe den Ausdruck auf ihrem Gesicht, wenn sie mein langes Haar, meine großen Titten und meinen riesigen Ständer sehen. Ich würde gern einmal mit meinem fünfundzwanzig Zentimeter langen Dildo eine Butch vögeln, aber bislang habe ich einfach noch keine getroffen, die dafür aufgeschlossen war ..."

Heterofrauen haben in bezug auf Dildos eines mit Lorraine und Gloria gemeinsam: Jede Frau muß sich damit befassen, was ein männliches Symbol wie der Dildo für ihren Körper und ihr Begehren bedeutet, egal wie respektlos sie damit umgeht. Möglicherweise reagiert sie mit einem Lachen, und zehn Jahre später kann sie sich nicht mehr vorstellen, was die ganze Aufregung sollte. Aber sie *wird* sich damit befassen. In gewisser Weise ist ihre Erfahrung vergleichbar mit dem, was ein Heteromann in bezug auf Dildos empfindet. Denn ein Heteromann muß sich seinen unterwürfigen, weiblichen und sexuell empfangenden Anteilen stellen. Wahrscheinlich würde er sich gern einfach mal ohne großen Gefühlszauber in den Arsch ficken lassen, aber er kommt an den Gefühlen nicht vorbei.

Die Schwulen, die von jeher für jede Art von Phalluszauber zu haben sind, verfügen über den dionysischen Vorteil, sich Dildos kaufen zu können, ohne gleich eine Persönlichkeitskrise zu erleiden. Ein Schwuler freut sich natürlich über „etwas, das für ihn schön hart wird", am meisten. Aber wenn ein attraktiver Mann auf ihn zukommt und ihn bittet, ihm etwas in den Arsch zu schieben und gleichzeitig seinen steifen Schwanz zu lecken, wird er ihn kaum von der Bettkante stoßen. Natürlich braucht man etwas Phantasie für diese Dinge. Und die meisten Schwulen befinden sich, offen gesagt, in einem Boot mit allen anderen, was Angst und Mißtrauen gegenüber dem Ungewöhnlichen, dem „Nicht-Normalen" angeht.

Vielleicht liegt hier überhaupt das Grundübel, aus dem der Widerstand gegenüber Dildos erwächst: Sie *sind* einfach nicht normal im Sinne von natürlich. Dildos werden immer gleichermaßen provokant wie „unnatürlich" bleiben. Einige werden geliebt und geherzt wie Teddybären, anderen ist es bestimmt, in einem postphallischen Wutanfall zerstückelt zu werden.

Unsere Gummipüppchen haben nur so viel erotisches Potential, wie die Herrin (oder der Herr) ihnen beimißt. Nicht Dildos ficken Menschen – Menschen ficken Menschen!

Dildoführer im Taschenformat

Konfektionsware

Folgende Dildos findest du in jedem noch so schmierigen Kleinstadt-Sexshop:

Der Dreißig-Zentimeter-Protz

Farblich zwischen Orange und Schweinchenrosa gehalten, gleicht er einem anatomischen Weltwunder. Benutze diese Sorte immer mit Kondom; sie sind unmöglich zu reinigen, weil die Oberfläche von kleinen Löchern und Luftblasen zersiebt ist. Billig, aber funktionstüchtig.

Das Farbwunder

Neonrosa, zitronengelbe und andere Farbvariationen, die zumindest den Vorteil haben, daß du sie auch im Halbdunkel leicht findest. Meist preisgünstig, weil sich die durchschnittliche Sexshop-Besucherin nicht dafür erwärmen kann.

Der Doppeldildo

Ein vierzig bis fünfundvierzig Zentimeter langer Gummischwanz mit pilzförmigen Verdickungen an beiden Enden. Diese Dildos sind dazu gedacht, sie Möse an Möse, Möse an Arschloch, Arschloch an Arschloch zu verwenden. Eine oder beide Spielerinnen packen den Dildo in der Mitte und schieben ihn hin und her. Diese Technik erfordert ein bißchen Übung. Nicht alle Paare besitzen die nötigen körperlichen Voraussetzungen, um damit zurechtzukommen. Wenn es klappt, wirst du allerdings schnell süchtig. (Bei dieser Technik ist unbedingt zu beachten, daß die Gefahr einer Ansteckung mit sexuell übertragbaren Krankheiten extrem hoch ist. Es ist fast unmöglich, eine sichere Barriere zwischen beiden SpielerInnen bei der Verwendung von Doppeldildos zu gewährleisten. Wahrscheinlicher als die Übertragung von HIV ist eine Ansteckung mit Herpes, Feigwarzen, Pilzen etc. – Anm. der Übersetzerin)

Der Hohlkopf

Dieser hohle, steife Plastikschwanz ist als Aufsatz für den echten Schwanz gedacht, um ihn dicker oder länger erscheinen zu lassen. Leider weißt du nicht, wie gut er deinem Schwanz paßt, ohne ihn anzuprobieren. Diese Aufsätze kosten nicht viel, also kaufe lieber ein paar verschiedene und experimentiere zu Hause.

Latexdildos

In den meisten Sexshops erhältlich, bieten diese meist anthrazitfarbenen Schwanznachbildungen eine Alternative zum rosafarbenen Modell. Sie sind biegsam, aber einigermaßen fest und lassen sich, je nach Qualität, etwas leichter reinigen. Allerdings empfiehlt sich auch hier der Einfachheit halber die Verwendung von Kondomen.

Der Dildo auf Pump

Fast überall werden aufblasbare Dildos angeboten. Mit einer kleinen Handpumpe kannst du dich buchstäblich selbst zum Höhepunkt blasen.

Der harte, vibrierende Dildo

Vibratoren gibt es in allen Größen: von „Ladyfinger" bis Ponyritt. Ihr batteriebetriebenes Gesumme ist in der Regel so schwach, daß du kaum mehr als ein betäubendes Kribbeln spürst. Doch wenn sich die Batterien totgezittert haben, kannst du mit einem glatten, leicht zu reinigenden Dildo glücklich werden. Inzwischen erhältst du Vibratoren in vielen dekorativen Farben.

Der japanische Biber

In den frühen achtziger Jahren priesen japanische Sexspielzeug-Hersteller eine Reihe von Geräten an, die Frauen den zweizackigen Zugang zum Vergnügen versprachen: eine vibrierende „Zunge" für die Klit, die von einem rotierenden Dildo abzweigte. In Japan verbietet das Gesetz die Herstellung von Spielzeugen, die menschlichen Sexorganen ähneln. Also wurden diese Dildos in Form von süßen Tierchen entworfen: Biber, Bären, Katzen. Diese listigen Alternativen wurden auf dem amerikanischen Markt ein Renner, so daß sie jetzt von vielen Firmen hergestellt werden und als Importware zu erhalten sind.

Haute Couture

Diese Dildos werden in Anlehnung an die tatsächlichen Bedürfnisse der KäuferInnen produziert und besitzen zum Teil einen hohen künstlerischen Wert. Die wenigen Herstellerfirmen können die Nachfrage kaum befriedigen, so daß oft lange Wartezeiten drohen. In Deutschland, Österreich und der Schweiz gibt es bislang nur wenige Händlerinnen, die diese Spielzeuge importieren und vertreiben.

Silikondildos

Diese Dildos fühlen sich im Gegensatz zu Gummischwänzen angenehm cremig an. Sie lassen sich leicht reinigen und können sogar gekocht werden. Sie verführen sehr dazu, auf ihnen herumzukauen. Aber sei vorsichtig, der kleinste Riß in einem Silikondildo läßt diesen blitzschnell auseinanderbrechen, und du kannst ihn nicht reparieren. Die HerstellerInnen von Silikondildos präsentieren ein breites Angebot an handmodellierten Formen. *Scorpio Products* wurde bereits als Großvater des Silikondildos erwähnt. Inzwischen bieten außerdem *Dils for Does* und *Lickerish Inc.* (beides Betriebe in Frauenhand) Dildos an – zum Teil in phantasievollen Designs wie Ballerinabeinen oder Kakteen, Delphinen und Walen. Wegen der hohen Zollgebühren sind diese importierten Silikondildos in der Anschaffung verhältnismäßig teuer. Erste Versuche, sie hierzulande zu produzieren, befinden sich noch im Anfangsstadium.

Die Mösenhantel

gibt es ebenfalls nur als Importware. Sie gleicht einer verchromten Hantel für deine Barbie-Puppen-Stube. Dieses Gerät wurde mit allen möglichen Versprechungen für vaginale Fitneß vermarktet. Natürlich kann eine Frau ihre Mösenmuskeln auch ohne jedes Gerät in Form halten (als beste Übung empfehlen sich Orgasmen). Aber dieses schöne, silbern glänzende Spielzeug fühlt sich einfach wunderbar an, wenn du es in die Möse oder den Arsch schiebst. Es ist schwer und kühl und echt High-Tech.

Der hawaiianische Holzdildo

ist ebenfalls nur auf Bestellung bei den entsprechenden Importeurinnen erhältlich. Sie werden von einem bekannten Künstler handgearbeitet, dessen Werke schon im Louvre und im Museum of Modern Art ausgestellt worden sind. Dieser Künstler sammelt hobbyhalber in tropischen Gegenden schöne Stücke einheimischer Holzsorten und schnitzt aus ihnen gebogene Phalli. Diese Dildos sprechen die SammlerInnen von Kunstobjekten an und sind gleichzeitig langlebige Lust- und Liebesobjekte.

Nudelhölzer, Zucchini und Schildpatt-Haarbürsten

Es gibt nichts Sentimentaleres als einen Dildo, den du in deinem eigenen Garten gepflückt oder zu Hause in der Küchenschublade oder auf der Badezimmerablage entdeckt hast. *Get back to your roots.*

Bezugsquellen:

Sexclusivitäten. Sex-Spielzeug für Frauen
Berlin. Termin nach Vereinbarung.
Tel. (030) 302 22 53

Nur für Frauen
Brandenburgische Str. 28
10707 Berlin
Tel. (030) 881 55 46

Ladies fun. Dessous. Erotische Accessoires.
Hauptstr. 8
10827 Berlin
Tel. (030) 782 95 15

For Ladies. Erotik für Frauen
Ostertorswallstr. 67/68
28195 Bremen
Tel. (0421) 32 30 40

Boutique Secrets
Marienplatz 1
50676 Köln
Tel. (0221) 24 41 00

Inside Her. Erotisches für Frauen
Vilbeler Str. 34
60313 Frankfurt/M.
Tel. (069) 29 51 00

Ladies First
Kurfürstenstr. 23
80801 München
Tel. (089) 271 88 06

Phantasien sind kein Kaffeesatz

Ich erinnere mich an das erste Mal, als jemand seine Hand in meine Hose steckte, obwohl ich es nicht wollte. Auf dem Nachhauseweg vom Kino wurden meine Mitbewohnerin und ich ausgeraubt und sexuell genötigt. Woran ich mich am deutlichsten erinnere, ist, daß der Angreifer einen guten Kopf kleiner war als ich. Ich schätze, er war ungefähr vierzehn Jahre alt. Er hatte die Spitze seines Messers gegen meine Brust gedrückt. Ich war vor Angst wie erstarrt und flehte ihn an, mir nichts zu tun. Die beiden blutjungen Straßenräuber waren so unerfahren, daß der eine meiner Mitbewohnerin ihren Schlüsselbund zurückgab, damit er beide Hände frei hatte, um ihr die Hose öffnen zu können. Sie blies in die silberne Pfeife, die an ihrem Schlüsselbund hing, und die gefährlichen, bewaffneten Mistkerle rannten davon wie die Hasen, als hätte meine Mitbewohnerin einen Warnschuß abgefeuert. Es war vorbei. Ich fühlte mich absolut beschissen, und dieses Gefühl hielt über Monate an. So bald wie möglich zog ich aus der Gegend weg.

Ich erinnere mich auch an das erste Mal, als ich eine Vergewaltigungsphantasie hatte. Ich war noch sehr jung, als mir ein ziemlich unanständiges Buch in die Hände fiel. Dieses anstößige Werk – in Wirklichkeit handelte es sich um seriöse Erfahrungsberichte zum Thema Jugendkriminalität – hatte ich in der Bibliothek gefunden. Ein Bericht schilderte, wie die Jungen einer Schulklasse auf einem grasbewachsenen Hügel am Rande der Vorstadt ein Mädchen wie Jesus an ein Kreuz gebunden und sie nacheinander vergewaltigt hatten. Eine weitere Geschichte erzählte vom Schicksal eines Mädchens, die die Warnungen ihrer

Eltern, nicht mit Fremden zu sprechen, in den Wind geschlagen hatte. Sie wurde von einem Pärchen entführt und in deren Wohnung gefangengehalten. Tag für Tag wurde sie mit neuen Sexpraktiken konfrontiert, gegen die sie sich zunächst wehrte, nach denen sie am Ende aber (natürlich!) süchtig wurde. Ich besuchte zu der Zeit eine katholische Schule, und mein Kopf war ohnehin schon bis zum Rand mit romantischen Märtyrerlegenden und Geschichten um sündhafte Verfehlungen gefüllt. Die Dramen um die jugendlichen Straftäter spielten sich nachts in meinem Kopf wieder und wieder ab, während ich mich durch die Stoffschichten von Bettuch, Nachthemd und Unterhose rieb und dabei immer heftig kam. *Dieses* Umfeld habe ich nie verlassen.

Ich war schon über zwanzig, bevor ich mir eingestand, daß mich masochistische Phantasien oder Unterwerfungsgedanken anturnen. In einem feministischen Seminar am College fragte uns die Dozentin, ob wir jemals erregende Vergewaltigungsphantasien erlebt hätten. Mit Tränen in den Augen hob eine Studentin die Hand und gab zu, daß das auf sie zuträfe. Mein Herz begann so schnell zu schlagen, daß ich nur wie gebannt dasitzen konnte. Ich schämte mich dieser Phantasien genau wie sie, aber ich hätte niemals zugegeben, daß ich sie auch hatte. Unsere Dozentin verhielt sich der Studentin gegenüber sehr freundlich, obgleich sie selbst schlecht unterrichtet war. Sie tröstete sie, indem sie ihr erklärte, das Patriarchat unterzöge uns Frauen einer Gehirnwäsche, so daß wir unsere dem Mann untergeordnete Stellung erotisierten. Sie behauptete, derartige Phantasien seien weit verbreitet. Richtig. Sie meinte weiterhin, wir könnten diese Phantasien „überwinden", indem wir sie einer feministischen Analyse unterzögen und unser Selbstbewußtsein stärkten. Falsch. Mir wurde schon am selben Abend klar, daß sie sich in diesem Punkt irrte. Trotz meines ausgeprägten Selbstbewußtseins, beinharter feministischer Analyse und einer wöchentlichen Schicht beim Notruf für vergewaltigte Frauen war ich immer noch imstande, ins Bett zu krabbeln und mich zu denselben beunruhigenden Phantasien zu befriedigen, die mich schon seit meiner Kindheit erregt hatten. Feminismus und Selbstachtung erwiesen sich in bezug auf meine erotische Phantasie-Welt als genauso folgenlos wie die Kommunionsoblaten, die ich früher jeden Sonntag in der Hoffnung zu mir genommen hatte, mein Inneres von der Saat des Teufels zu reinigen. Religion und politische Dogmen taugten eindeutig nicht, um die unbewußten, ketzerischen Aspekte erotischer Gefühle zu erklären.

Zwei Jahre später begann ich zum ersten Mal, Bücher zum Thema Sexualität zu lesen, und zwar von der Güteklasse, die nach den Bienchen und Blümchen kommt. Beim Zeitungskiosk am Flughafen erstand ich aus purer Neugier kurz vor dem Einchecken eine Taschenbuchausgabe des Bestsellers *Die sexuellen Phantasien der Frauen* von Nancy Friday. Auf dem Umschlag wurde eine hochangesehene Psychiaterin zitiert, die versprach, daß das Buch die verborgenen Anteile unserer Sexualität enthüllen würde. Ich war gespannt, was es bei mir aus dem Verborgenen ans Tageslicht zerren würde, außer der Bestätigung, daß ich hoffnungslos pervers war.

Die Reise von Los Angeles nach Detroit zog sich gnadenlos in die Länge. Ich glaube, das waren überhaupt die längsten fünf Stunden, die ich je in der Luft verbracht habe. Mein Gesicht glühte wie eine Tomate, mein aufblasbares Sitzkissen hätte man auswringen können. Friday zitierte ihre nur mit Vornamen genannten Gesprächspartnerinnen – Marie, Debbie, Jessica – und ließ sie eine Phantasie nach der anderen erzählen, deren Themen ich noch nicht einmal in den Mund genommen hätte: Inzest, Analsex, erotische Entführungen, Sex mit Hunden, Banden-Vergewaltigungen, Sex auf Altären, lautes Stöhnen in der Dunkelheit mit nichts als einer Augenbinde am Leib.

Es haute mich um, daß diese Frauen aus sämtlichen Gesellschaftsschichten und den unterschiedlichsten Flecken des Landes kamen, und ich erkannte, daß auch ich mich, so weit ich zurückdenken konnte, mit solchen und ähnlichen Geschichten aufgegeilt hatte. Ich hatte mir dabei zwar nie bewußt vorgenommen: „Ach, ich glaube, heute möchte ich mich mit meinem Sexsklavinnen-Zirkus befassen", aber jedesmal, wenn ich kam, im Augenblick der Wahrheit, blitzten mir die Tiger und die am Boden kauernden Lustsklavinnen durch den Kopf, und die Peitsche knallte.

Ich gehörte also auch zu Nancys Pappenheimerinnen. Dem Umschlag des Bestsellers zufolge war ich eine von einer Million Leserinnen, die – so vermutete ich – ähnlich auf die Lektüre reagierten. Das bedeutete entweder, daß es eine Million Perverse gab, die schamhaft ein schmieriges Handbuch verschlangen, oder daß diese Sexphantasien das Normalste der Welt waren.

Ich hatte eigentlich nie darüber nachgedacht, was eine Sexphantasie ausmacht. Ich hatte immer geglaubt, eine Sexphantasie wäre ein Trauminsel-Szenario, in das deine Phantasie ein heißes Treffen mit der sonnengebräunten Berühmtheit des Monats einbaut. Ich hatte mich seit dem zarten Alter von acht Jahren selbst befriedigt. Doch wenn ich meine Augen zukniff und so heftig auf meinem Arm herumritt, daß meine Finger taub wurden, schwebte bei mir nie Paul Newman über meine orgasmische Leinwand. Oder Mick Jagger. Bianca Jagger übrigens auch nicht.

Nancy Friday hat das Schatzkästchen der weiblichen Sexphantasien geöffnet, indem sie die unzensierten erotischen Bekenntnisse von Hunderten von Frauen präsentiert. Leider nimmt sie das zum Anlaß, uns mit ihrer fehlgeleiteten Analyse weiblicher Sexualität bekannt zu machen. Ihre langatmigen Einleitungen zu jedem Phantasien-Kapitel sollen die dort vorgestellten Inhalte rechtfertigen, doch leider entpuppen sich ihre Bemühungen zu erklären, warum Frauen von solch tabuisierten Themen geil werden, als eine einzige intellektuelle Katastrophe.

Einerseits begreift sie sich als Feministin, die davon überzeugt ist, daß ihre Gesprächspartnerinnen gesunde, blühende Frauen sind, die eine Menge Mut beweisen, indem sie ihre Phantasien mitteilen. Andererseits läßt sie durchblicken, daß die ganze Gruppe ernsthaft an einer gestörten Beziehung zur Mutter litt. Oder zum Vater. Oder zur Gesellschaft an sich. So etwas nenne ich Populärpsychologie der schlimmsten Art.

Anstatt die unterschiedlichen – persönlichen wie kulturellen – Auslöser für Sexphantasien auf ihre Zusammenhänge zu befragen, liest sie diese Sexphantasien wie Tarotkarten. Oh, du hast lesbische Phantasien? Das muß die „Verlangen nach mütterlicher Nähe"-Karte sein. Jedesmal, wenn ich eine ihrer Erklärungen las, hatte ich das Gefühl, sie wolle meinen Fuß in einen Schuh zwängen, der nicht einmal Aschenbrödel gepaßt hätte. Als ich das Buch später meinen Freundinnen empfahl, gab ich ihnen strikte Anweisungen: „Lies nur die Phantasien und zieh deine eigenen Schlußfolgerungen!"

Nancy Friday hat nach der Veröffentlichung von *Die sexuellen Phantasien der Frauen* und der Fortsetzung, *Verbotene Früchte,* die Mitte der siebziger Jahre erschien, weitere Phantasien gesammelt und schließlich eine Anthologie für die neunziger Jahre zusammengestellt: *Befreiung zur Lust.* Aus dem Titel der amerikanischen Originalausgabe, *Women on Top. How Real Life has Changed Women's Sexual Phantasies,* läßt sich schließen, daß sie nicht nur neue Geschichten zu erzählen hat, sondern außerdem überzeugt ist, daß sich das Leben und die feuchten Träume von Frauen seit ihren ersten Interviews zwanzig Jahre zuvor gewandelt haben.

In einem Punkt gebe ich ihr recht. Die meisten Frauen aus ihrem neuesten Buch sind jung; sie zählen zu der auslaufenden Generation des Babybooms. Die Einstellung dieser Frauen zur Selbstbefriedigung kann nur als ausgesprochen nüchtern und sachlich bezeichnet werden. Eine der wenigen über fünfzigjährigen Erzählerinnen beendet ihre Phantasie mit dem Siegesruf einer vom Postfeminismus Bekehrten: Selbstbefriedigung ist super! Die jüngeren Frauen betrachten ihre sexuelle Befriedigung als einen völlig selbstverständlichen Bestandteil ihres Lebens.

Nancy Friday belegt zweifellos, daß die Ära des braven, anständigen Mädchens ihr Ende gefunden hat. Sexspielzeuge gelten im Schlafzimmer ihrer Interviewpartnerinnen als normales Inventar, und in den Phantasien werden diese Spielzeuge dann manchmal zu terminatormäßiger Größe aufgeblasen, wie zum Beispiel in der Geschichte einer Frau, die sich vorstellt, auf einem gnadenlos laufenden Fließband gefickt und gerieben zu werden.

Die Phantasien von Debütantinnen lassen im Vergleich zu denen erfahrener Frauen nichts zu wünschen übrig. So erzählt zum Beispiel „Conny" – die außer mit ihrem Freund, den sie seit der fünften Klasse kennt, mit niemandem Sex gehabt hat –, wie sehr sie sich von uniformierten Polizisten aufgegeilt fühlt. Sie stellt sich vor, in eine Polizeikontrolle zu geraten und eingehend befingert zu werden: „Er schiebt seine Hände nach vorne, zieht den Tanga auf einer Seite leicht herunter und spielt mit meiner Klitoris wie mit einer geölten Murmel."

Fridays Studie ist ein erotisches Marathon. Allein schon die Geschichte der Gorillaforscherin, die ihr Forschungsobjekt verführt, reicht für eine lustvolle Woche Bettlägerigkeit. Beim Lesen all dieser Geschichten wird deutlich, daß kein Bereich zu phantastisch ist, um dich anzuturnen oder an deine eigenen aufreizenden Tagträume zu erinnern. Jede der Frauen im Buch schickt ihrer Phantasie ein paar Informationen über ihr wirkliches Leben voraus. Dadurch wird offensichtlich, wie normal, wie verbreitet es ist, über bizarre, tabuisierte Dinge zu phantasieren, die uns im wirklichen Leben beunruhigen oder ängstigen würden oder vielleicht auch zum Lachen brächten. Erotische Phantasien greifen die unerträglichen oder unglaublichen Begebenheiten unseres Lebens auf und verwandeln sie in orgasmisches Dynamit.

Als neues Thema taucht in *Befreiung zur Lust* der Geschlechtertausch auf. Ich kenne allerdings Frauen, die schon lange, bevor Friday das Thema an die Öffentlichkeit gebracht hat, davon träumten. Eine Frau erzählt, daß ihre Klit, wenn sie sie reibt, in ihrer Vorstellung „immer größer [wird], bis sie so groß wie ein Penis ist … Ich stelle mir vor, das zu empfinden, was ein Mann beim Geschlechtsverkehr empfindet. Und ich stelle mir vor, daß dieser Mann mit *mir* Geschlechtsverkehr hat."

Obwohl Friday diese neuen Phantasien, in denen Frauen mit traditionellen Männerrollen spielen, stolz präsentiert, bekommt sie ihre Materialsammlung nicht mit ihrer politischen Theorie unter einen Hut. Sie will beweisen, daß die flotten Frauen von heute die der Unterdrückung geschuldeten fiesen alten Vergewaltigungsphantasien auf den Müll geschmissen hätten und statt dessen den Spieß umdrehten und es genössen, Männer zu dominieren: „Statt in der Phantasie eine erotische Macht über die Männer auszuüben, erfanden die Frauen in *Die sexuellen Phantasien der Frauen,* selbst wenn sie in Wirklichkeit sehr dominante Persönlichkeiten waren, sogenannte ‚Vergewaltigungsphantasien'. Mehr gestanden sie sich nicht zu. Mit Hilfe von ein paar Worten – ‚Ich werde gezwungen, das folgende zu tun' – entwarfen sie ein hemmungsloses, unfeminines Szenario, das ihnen gleichzeitig die Möglichkeit gab, den Status des anständigen Mädchens aufrechtzuerhalten", erinnert sich Friday in *Befreiung zur Lust.* Sobald *Die sexuellen Phantasien der Frauen* erschienen war, lehnten die Frauen – wie der neuen Anthologie zu entnehmen sei –, die Vergewaltigungsphantasien über Nacht ab und verlangten totale Kontrolle über Männer.

So ein Blödsinn. Erstens sind Frauen keine Neulinge darin, Phantasien zu entwerfen, in denen sie sexuelle Macht ausüben, und zweitens haben wir uns nicht einfach von den Vergewaltigungsphantasien verabschiedet, nur weil wir heute das Jahrzehnt der Macha schreiben. Die Stellung einer Frau im Beruf oder zu Hause ist kein Barometer für die Ausrichtung ihrer Phantasien. Wieso hat Friday dies immer noch nicht kapiert? Eine Frau oder ein Mann in Führungsposition kann die haarsträubendste Vergewaltigungsphantasie entwerfen, ohne damit gleich auf der ganzen Linie willenlos zu werden. Eine bewußte Unterwerfung ist ebenso machtvoll wie eine Dominanzphantasie, denn in unserer Phantasie wird jede einzelne Einstellung von uns kontrolliert – egal, wie sehr wir es zu leugnen suchen. Ob wir in schenkelhohen Stiefeln herumstolzieren oder atemlos auf den Knien herumrutschen, hängt einzig und allein davon ab, in welcher Rolle wir am besten feucht werden. Wie Friday in ihrer Untersuchung *Die sexuellen Phantasien der Männer* belegt, neigen mehr Männer als Frauen zu Unterwerfungsphantasien. Also verschone uns mit diesen pseudofeministischen Bibelgeschichten.

Friday widmet den Frauen, die Männer dominieren, ein ganzes Kapitel, das sich als entzückendes Schatzkästchen entpuppt (besonders fabelhaft finde ich Louellen und ihre fünfzehn wohlausgestatteten Hausmänner), aber ich finde es ärgerlich, daß sie zahlreiche masochistische und Unterwerfungsphantasien in Kapiteln versteckt, deren Titel nicht auf solche Inhalte schließen lassen.

Am schlimmsten aber geht sie mit lesbischen Phantasien um. Friday vertritt beharrlich die Ansicht, „alle Phantasien mit anderen Frauen beginnen und enden mit Zärtlichkeit." Doch in einer der darauffolgenden Geschichten erzählt eine Frau, eine ihrer Lieblingsphantasien bestünde darin, daß sie von einer Horde erbarmungsloser Macha-Lesben herumkommandiert wird – nicht der geringste Hinweis auf Zärtlichkeit findet sich in dieser Phantasie. In vielen weiteren lesbischen Phantasien geht das faszinierende Moment nicht von einer narzißtischen oder mütterlichen Haltung der Partnerinnen, sondern von ihrem zickigen oder „kerligen" Verhalten aus. Friday liegt mit ihrem von Vorurteilen bestimmten Bild, daß Lesben Sex als schwesterliche Brustanbetung mit Schlafzimmeraugen betreiben, komplett falsch. Ihr entgeht die Vielseitigkeit lesbischen Lebens, und die von ihr gesammelten Phantasien geben das Spektrum lesbischen Begehrens keineswegs treffend wieder.

All die Phantasien, die ihre Theorie von der neuen „dominanten Frau" nicht bestätigen, scheint Friday quer über das ganze Buch verteilt zu haben. Sie finden sich an den unmöglichsten Stellen. Ich mußte suchen und suchen, bis ich eine der tollsten „Unschuldige Babysitterin"-Phantasie fand, die ich kenne. („Ich babysitte bei zwei Jungen. Sie beschließen, mit mir Indianer zu spielen und fesseln mich. In diesem Moment betritt ihr Vater den Raum ...") Diese Phantasie war im Kapitel „Frauen mit stärkerem Verlangen als ihre Männer" untergemauschelt. Wäre die Anthologie von mir, hätte ich Kapitelüberschriften ausgesucht wie „Süße, unschuldige Babysitterinnen", „Agentinnen im Dienste des Voyeurismus" oder „Wahre Geschichten aus der katholischen Kirche".

Mit ihrer Behauptung, daß Frauen in ihren Phantasien inzwischen „die Oberhand haben", kultiviert Friday eine gefährliche Tendenz. Sie glaubt, daß die wirtschaftliche Unabhängigkeit der Frau irgendwie mit dem Inhalt ihrer Phantasien zusammenhänge. Dabei ist es völlig überflüssig, den Feminismus mit der These zu unterstützen, daß Frauen sich jetzt an Dompteusen- oder Rachephantasien ergötzten. Diese Art von Denken zensiert die Vielfalt und Vielschichtigkeit der wirklichen Phantasien von Frauen. Dahinter steckt dieselbe Haltung wie die meiner Professorin für Frauenstudien mit ihrer Überzeugung, daß nur unterdrückte Frauen Vergewaltigungsphantasien hätten und daß diese Schandflecken verschwänden, sobald wir feministisch sensibilisiert seien.

Tatsächlich jedoch bewirkt die Arbeit an deinem Bewußtsein, daß deine Phantasien dich nicht länger ängstigen. Du lernst zwischen den realen Ängsten und Grenzen in deinem Leben und der Möglichkeit, in deiner Phantasie jedes Extrem auszuleben, zu unterscheiden. Und *das* stärkt dein Selbst-Bewußtsein gewaltig. Erotische Träume bringen natürlich sehr mächtige und persönliche Bedürfnisse zum Ausdruck. Sie als eine Art Kaffeesatz zu betrachten, kann nur auf eine ziemlich armselige Wahrsagerei hinauslaufen.

Wir können nicht davon ausgehen, daß bestimmte Etiketten ein entsprechendes Verhalten bedingen und umgekehrt. Nachdem ich von diesem vierzehnjährigen Scheißkerl ausgeraubt und befingert worden war, hatte ich mehrere Phantasien, die sich darauf bezogen. In einer davon, meiner Rachephantasie, platzte ich bei ihm daheim beim sonntäglichen Mittagessen herein und machte ihn vor seiner Familie zur Schnecke. Seine Mutter jagte ihn zur Tür hinaus und drohte ihm, nur ja nie wieder einen Fuß über die Schwelle zu setzen.

In einer zweiten, meiner „Ach hätte ich doch nur"-Phantasie, ignorierte ich die auf meine Brust gesetzte Klinge und streckte ihn mit einem Kinnhaken nieder. Als er auf dem Boden lag, spuckte ich auf ihn, und das Blut aus dem Schnitt auf meiner Brust tropfte ihm in die Augen.

In der dritten Phantasie allerdings stand ich nackt und wie angewurzelt auf dem Gehweg, während er mich mit den Fingern fickte. Er warf mir schmutzige Worte an den Kopf und gebärdete sich tierisch arrogant, während er mit seinem Messer um meine Nipples spielte. Die halbe Nachbarschaft rottete sich zusammen, und er lud sie ein, ihn abzulösen.

Zwei Mal hatte ich diese Phantasie, und beide Male kam ich dabei. Danach gelang es mir nicht mehr, diese Phantasie heraufzubeschwören. Sie wurde wieder von meinen alten Vergewaltigungsphantasien verdrängt.

Ein Jahr später zog ich wieder in mein altes Viertel, an den „Ort des Verbrechens" zurück. Inzwischen war ich ein ganzes Stück schlauer, und vor allem empfand ich es zum ersten Mal als mein ureigenes Territorium. Willkommen in meinem Viertel – mit allem, was dazugehört.

Strip Tea

Ihr wißt, wie schwierig es heutzutage ist, gute Bedienstete zu finden. Die Kavaliere sind ausgestorben, Diskretion ist ein Fremdwort, und Eleganz wird derzeit von *Müllers Möbelmarkt* definiert. Eine Frau aus guter Familie kann ihre gesamte Blütezeit durchleben, ohne auch nur einmal den Satz „Kann ich Ihnen zu Diensten sein?" zu hören, obwohl sie vielleicht ihr Leben damit zubringt, anderen zu dienen. Insbesondere Kindern und Männern.

Eine solch mißliche Lage könnte sogar starke Frauen zu Tränen der Verzweiflung treiben. Aber wenn's knallhart kommt, schmeißen die Knallharten eine Party. Eine sehr ungewöhnliche Party.

Vor einem Monat erhielt ich eine Einladung zu einem „Künstlerinnen-Salon". Uns wurde die Gelegenheit geboten, Texte vorzutragen, Bilder vorzustellen und vor allem einen stilvollen Nachmittagstee zu genießen. Am verheißungsvollsten aber klang das Versprechen auf der Einladung, daß uns Teegebäck und Punsch von nackten Sklaven serviert werden würden, die nicht unaufgefordert reden durften. Die Aussicht auf solch gesellige Nacktheit hatte natürlich ihren Reiz, aber würden ganz normale Männer es tatsächlich schaffen, fünf Stunden lang ihre Klappe zu halten? Das mußte ich sehen, um es zu glauben. Das würde ich mir um nichts in der Welt entgehen lassen.

Bei meiner Ankunft wurde ich tatsächlich von einem nackten Türsteher begrüßt, der mir aus dem Mantel half. Aber ach – außer ihm war kein weiterer dienstbarer Geist zu entdecken, und mittlerweile strömten die Gäste zuhauf herbei. Und was für eine entzückende Schar! Eine schlichte Tasse Earl Grey hätte meinen Nachmittag vollständig abgerundet. Doch obwohl die Gesellschaft erlesen und die Idee untadelig war, belief sich die Zahl der Sklaven, die uns zu Diensten standen, nur auf zwei, und obwohl sie sich redlich bemühten – ich glaube, keiner der beiden hatte in seinem Leben je auch nur eine Tasse Koffeinfreien eingeschenkt.

Auch die Gäste erwiesen sich, was die Kunst, sich gepflegt bedienen zu lassen, angeht, als bedauernswert ungeübt. Einige von uns hatten sich zwar dem Anlaß entsprechend in Schale geworfen, aber andere waren doch tatsächlich im Jogginganzug erschienen! Eine entzückende Frau bot sich an aufzustehen, um mir ein Stück Gebäck zu holen. Als ich sie vorsichtig daran erinnerte, daß wir geladen waren, um uns bedienen zu lassen, verteidigte sie sich: „Das ist doch egal. Sonst bin ich doch auch stets zu Diensten." Aber das war ja genau der Punkt – dieser schnöden Wirklichkeit wollten wir doch entkommen.

Der schlimmste Affront aber bestand darin, daß ich mitten in der Party mitansehen mußte, wie eine attraktive Frau doch tatsächlich auf den Knien lag, um einem der sogenannten Sklaven den Nacken zu massieren. Ich mußte mich wirklich beherrschen, den beiden nicht Verstand einzubleuen!

Ich verließ die Party mit meiner Freundin Laura Miller. Wir ließen den Nachmittag noch einmal Revue passieren. Beide fanden wir, es sei eine wunderbare Idee gewesen, die Ausführung aber habe sehr zu wünschen übriggelassen. Wäre es nicht zauberhaft, solch eine Party in einer großen alten Villa zu veranstalten, mit Sklaven, die das Aussehen von griechischen Göttern und den Stil von Meßdienern besäßen?

„Ich werde auf immer davon träumen", verabschiedete ich mich. Laura hingegen verschwendete keine Zeit mit wehmütigen Träumen. Schon am nächsten Tag rief sie mich an: „Meine Freundin Amy Wallace, die Romanautorin, besitzt eine wunderschöne Villa in den Hügeln von Berkeley und sie fände es toll, eine Teeparty nach unseren Vorstellungen zu geben. Ihr Wohnzimmer könnte aus Lord Byrons Tagen stammen, und es gibt sogar echte Dienstbotenkammern."

Ich blinzelte. Der erste Schritt, nämlich unseren winzigen Apartments in der verdreckten, von Kriminalität beherrschten Wohngegend für einen Nachmittag zu entfliehen, war mittels eines kurzen Telefonats gelungen. Doch wo um Himmels willen sollten wir die Sklaven auftreiben?

Laura arbeitete als Redakteurin bei der *San Francisco Weekly*, einer Wochenzeitung, in der sich Kontaktanzeigen jeglicher Couleur en masse finden. Sie erbot sich, einen Monat lang jede Woche eine Anzeige zu schalten. Ich hatte meine Zweifel, ob wir auf so etwas Abgedrehtes überhaupt Antworten kriegen würden. Ich glaubte eher in meinem Rolodex ein paar emanzipierte Jungs zu finden, die uns gern den Tee servieren würden.

Ich hatte ja keine Ahnung, an welch bloßliegenden Nerv unsere Suche rühren würde. Meinen ersten Eindruck von der Reaktion des amerikanischen Durchschnittsmannes gewann ich bei meiner nächsten Fahrt zur Autowerkstatt.

„Sieh mal, was ich vorhabe!" juchzte ich und wedelte Jake mit meiner sorgfältig entworfenen Anzeige vor der Nase herum:

Gruppe von kultivierten Bohemiennes sucht anmutige Sklaven für Dienste bei einer Teeparty. Arbeitskleidung: Adamskostüm. Sprechen nur auf Aufforderung gestattet. Hoher Standard. Serviceerfahrung Voraussetzung. Kein Sex. Bitte schick Deine Bewerbung mit Foto an Madam Tea Party.

„Warum zum Teufel sollte ich Lust haben, eine Horde von Weibern zu bedienen?" fragte Jake und lehnte sich gegen seinen schmierigen Schreibtisch. „Es gibt kein Geld dafür, oder? – Nee, niemals!"

Ein kleines unterschwelliges feministisches Gefühl brach sich in mir Bahn: „Frauen bedienen dich, seit du geboren bist", ereiferte ich mich, „und du kannst dir nicht mal vorstellen, für ein paar Stunden zu tauschen?"

In der darauffolgenden Woche traf ich Jake wieder. Er fragte, wie es mit meiner Suche voranginge. Die Anzeige war noch nicht erschienen, und ich hatte das Gefühl, es ginge überhaupt nicht voran. Meine schwulen Freunde meinten, sie hätten keinen Spaß daran, Frauen zu bedienen. „Warum denn nicht?" fragte ich. „Wo ist eure Liebe zum klassischen Theater geblieben? Hier geht es nicht darum, jemanden anzubaggern, hier handelt es sich um eine stilvolle Teeparty, die neue Maßstäbe setzen wird."

Meine Heterofreunde, auch die mitfühlendsten, gerieten wegen ihrer Schwanzgröße in Panik und fürchteten eine dauerhaftere Erniedrigung, als ich sie mir vorgestellt hatte. „Ich hätte dich doch nicht angerufen, wenn ich dich nicht für äußerst attraktiv hielte", versuchte ich den einen Freund zu beruhigen. „Wieso glaubst du, daß diese Party deine Karriere ruinieren könnte? Wo doch die erfolgreichsten Männer Amerikas mit all ihren ausschweifenden Ausflügen in die Niederungen der Boheme davonkommen?"

Doch all meine Versicherungen waren für die Katz. Jake bemitleidete mich ein bißchen und war vielleicht, aber auch nur vielleicht eine Spur fasziniert von der Idee. Er lud mich zu einer Spritztour auf seiner Harley ein und brüllte etwa auf der Hälfte der Strecke die ermutigendsten Worte, die ich bisher gehört hatte: „Ich bin kein bißchen braun!"

Der Abendnebel hüllte uns ein. „Das macht nichts!" schrie ich zurück. „Sonnenbräune ist nicht mehr angesagt!"

Doch schon bald nahm das Schicksal eine andere Wendung und meldete sich in Form eines Telefonanrufes. Die Mittwochsausgabe der Zeitung erschien. Ich war so pessimistisch gestimmt, daß ich eigentlich ein paar Tage verstreichen lassen wollte, bevor ich beim Telefonservice nachhakte oder den Briefkasten überprüfte. Aber kaum lag die *San Francisco Weekly* ein paar Stunden an den Kiosken aus, rief Laura mich auch schon an. „Zück deinen Stift! Du mußt diese beiden hier zurückrufen. Der eine ist ein Model aus Europa, und der andere arbeitet im Fairmont Hotel."

„Zwei Leute haben angerufen?" Ich war überwältigt.

„Sechs", berichtigte Laura, „aber die anderen klangen wie Spinner." Sie diktierte mir die beiden vielversprechenden Nummern.

Innerhalb der nächsten zwei Wochen erhielten wir über hundert Anrufe und Briefe. Ich glaube, so etwas nennt sich ein durchschlagender Erfolg. Die Fotos und Personenbeschreibungen hätten ein Lehrbuch zum Thema „Überwinden von stereotypen Vorurteilen" gefüllt: Autohändler aus San Mateo, Computer-Millionäre aus Marin County, professionelle Ledersklaven, die nur über ihre Herrin zu erreichen waren, Surfertypen, mit denen nur über ihre Barkeeper Kontakt aufgenommen werden konnte, Punker, Aushilfsbedienungen, Matrosen und jede Menge Sklavenanwärter, die „alles tun würden, um für immer Ihr hingebungsvoller Sklave zu sein". Wow! Jetzt hieß es Einstellungsgespräche zu führen.

Bei diesem hochsensiblen Aufnahmeverfahren kam mir unsere vierte Gastgeberin, Lisa Palac, zur Hilfe. Lisa brachte den Mut auf, ihr Wohnzimmer für unsere persönlichen Vorstellungsgespräche herzugeben. Und sie verlangte ohne viel Federlesen, die Kandidaten nackt vorsprechen zu lassen. „Aber wie sollen wir es ihnen beibringen, ohne wie schmierige Wüstlinge zu klingen?" fragte ich. Ich hatte keine Ahnung, wie wir diese Peinlichkeit bewältigen sollten. Aber ich wußte, wen ich um Rat bitten könnte, nämlich jemanden, der sich häufig nackt vortanzen ließ. Also sprintete ich zu einem der letzten großen Striptease-Clubs, dem O'Farrell Theater der Mitchell Brothers, hinüber. Ich besuchte Vince, der die Dienstpläne der StripperInnen managt. Der blieb völlig cool. „Wir sprechen hier von einem Job, vergleichbar mit einem Casting fürs Fernsehen", meinte er. „Zuerst stellst du ihnen deine Fragen, und dann erklärst du ihnen, daß du ein Nacktfoto von ihnen machen willst. Das ist alles. Nach der Aufnahme bittest du sie, sich wieder anzuziehen." Das war mir bisher noch nicht einmal in den Sinn gekommen – daß es vielleicht schwieriger sein könnte, sie dazu zu bewegen, sich auch wieder anzuziehen.

Wenn unser Auftreten den Schlüssel zu erfolgreichen Einstellungsgesprächen darstellte, sollten wir, so fand ich, einen Fragebogen vorbereiten. Auf diese Weise ersann ich den „Fragebogen für Sklaven mit großer Zukunft":

Hast du schon einmal Tee serviert?
Hors d'œuvres?
Beherrschst du Hand- und Fußmassage?
Haarpflege?
Maniküre?
Das Beheizen eines offenen Kamins?

Den Bewerbern wurde mitgeteilt, daß sie in schwarzer Fliege, schwarzen Schuhen und passenden Socken auftreten müßten.

Natürlich interessierte es uns auch, warum diese Männer bei einer solchen Party bedienen wollten. Die meisten nannten als Grund den Reiz, erkoren worden zu sein, einer erlesenen Gruppe von Frauen zu Gefallen zu sein. Einige schien der Gedanke, daß es sich bei all den Gästen um Schriftstellerinnen handelte, besonders zu faszinieren. Ein Restaurantbesitzer erinnerte sich an endlose Parties, auf denen nackte Mädchen für die gaffenden Männer getanzt hatten, aber nie umgekehrt, und das machte ihm ein bißchen zu schaffen. Doch unser durchschnittlicher Bewerber litt nicht unter derartigen Schuldgefühlen. Ein besonders offenherziger Kandidat, ein sechzigjähriger Seehandelskaufmann, bekannte: „Mein ganzes Leben lang war ich ein mackerhafter Chauvi. In den letzten Jahren habe ich aber zunehmend erkannt, daß auch Frauen menschenähnliche Wesen sind und die gleichen Bedürfnisse und Wünsche wie alle anderen haben ..." Im selben Brief gestand er ein, daß es für ihn nichts Geileres gebe, als eine dralle, dominante Frau.

Natürlich mußten wir unsere potentiellen Diener darauf aufmerksam machen, daß unsere Gäste nicht zwangsläufig dominant – oder matronenhaft – sein würden, sondern daß es ihnen nach nichts anderem gelüstete als nach einer heißen, mit vollendeter Anmut servierten Tasse Tee. Zu diesem Zweck fügten wir eine Warnung hinzu: „Es handelt sich hier weder um eine Sex-Party noch um einen Nuttenverein. Wir haben kein Interesse daran, dich auf dieser Party zu bestrafen, zu demütigen oder zu unterwerfen. Wenn dir die Veranstaltung nicht zusagt, kannst du mit einer der Gastgeberinnen sprechen und unauffällig verschwinden. Sind die Gastgeberinnen der Meinung, daß du dich unangemessen benimmst, werden sie dich auffordern zu verduften."

Die Jungs wurden nach folgenden Kriterien bewertet: Gesicht, Körper, Anmut, Serviceerfahrung sowie – letztlich ausschlaggebend – Persönlichkeit. Vor diesen Einstellungsgesprächen war mir nicht bewußt gewesen, daß ich tatsächlich in der Lage bin, Menschen ungehemmt nach ihrem Äußeren zu beurteilen. Diese Art von Diskriminierung hatte ich nämlich während meines bisherigen Daseins zu vermeiden gesucht. Hier stand ich aber plötzlich vor der Erfordernis, bei Männern, die nichts weiter von sich geben sollten als „Sahne oder Zucker?", gleichermaßen auf ihre Muskeln wie ihre Grazie zu achten.

Ganz anders als Frauen in einer solchen Situation scheuen Männer sich nicht, sich unabhängig von ihrem Aussehen für solch eine Arbeit zu bewerben. Einer schrieb, über sein Äußeres könne er nichts weiter sagen, als daß kleine Kinder nicht gerade schreiend davonliefen, wenn er auf die Straße ginge. Leider waren seine Ehrlichkeit und Selbstironie bei unserer Suche nach dem vollkommenen Adonis keine hinreichenden Kriterien.

Zwei Männer bekamen während des Vorstellungsgespräches einen Steifen. Als selbstbeherrschte Teeparty-Hostessen würdigten wir sie selbstverständlich keines besonderen Blickes. Drei Jungs erschienen im französischen Dienstmädchen-Outfit. Das sah zwar recht niedlich aus, aber wir hielten an unserer Richtlinie, nur Diener einzustellen, fest. Einer brachte einen Strauß Rosen mit (Zusatzpunkt), ein anderer jammerte, daß er es nicht einsähe, Geld für eine Fliege auszugeben (sofortige Ablehnung), während das Bewerbungsschreiben eines weiteren wie Musik in unseren Ohren klang: „... Betonung liegt auf einem Service, der Ihren Wünschen, nicht meinen, oberste Priorität einräumt."

Schließlich entschieden wir uns für die folgenden sechs Sklaven:

K. sah aus wie Bon Jovi und hatte als einziger Erfahrung mit der S/M-Szene, war also mit den Feinheiten der Sklaven-Etikette vertraut.

P. befanden wir als den Traum aller Gastgeberinnen: ein Amerikaner italienischer Abstammung, der in einem der Top-Restaurants der Stadt arbeitete.

T. hatte zweifelsohne den meisten Charme aufzuweisen und sprach zudem mit einem perfekten britischen Akzent, der uns fast dazu verführte, ihm eine begrenzte Redeerlaubnis zu erteilen.

J., der einzige aus meinem persönlichen Bekanntenkreis, der sich auf das Gesuch nach wohlgestalteten Dienern gemeldet hatte, konnte mit ausgezeichneten Massagekenntnissen aufwarten, die seine unzureichende Erfahrung beim Servieren von Tee und Gebäck wettmachten.

R., ein Hawaiianer chinesischer Abstammung und einer unserer jüngsten Bediensteten, gewann unsere Herzen, als er beim Fototermin das Kinn hob und die Augen schloß. „Wie ein Chorknabe!" rief ich. „Ich *war* früher einmal Chorknabe", antwortete er. Volltreffer.

S. schließlich, der typische braungebrannte blonde Knabe aus Los Angeles machte das Rennen eigentlich nur, weil er in einem zweiten Brief nachhakte und versprach, der beste Diener aller Zeiten zu sein, und mutmaßte, daß die ganze Sache ein echt „heißer Trip" werden würde.

Nun, da unsere Sklavensammlung vollständig war, stand ich einem neuen Problem gegenüber. Unsere zwei Dutzend Einladungen fanden nicht gerade begeisterten Anklang. Glaubt mir, ich hatte nur Schriftstellerinnen mit tadellosem Leumund und von toleranter Gesinnung angeschrieben. Aber als ich eine enge Freundin anrief, von der ich eigentlich geglaubt hatte, daß sie unmittelbar nach Erhalt der Einladung schon überlegte, welchen Hut sie tragen würde, erfuhr ich die bittere Wahrheit.

„Ich weiß nicht, was ich von dieser Art, Menschen zu behandeln, halten soll", sinnierte sie. „Ich würde es schließlich auch ablehnen, wenn Männer von nackten Frauen bedient werden wollten – warum sollte ich es also gutheißen, den Spieß umzudrehen?"

„Glaub mir", versuchte ich sie zu überzeugen, „diese Jungs haben sich aus reinstem Eigennutz beworben ... Ich bitte dich ja nicht darum, sie in den Hintern zu treten, sondern nur darum, einmal eine Tasse Tee zu genießen, ohne einen Finger krumm zu machen."

Falls es je eines Beweises dafür bedurft hätte, wie lächerlich die Vorstellung von umgekehrtem Sexismus ist, hätte diese spleenige Party ihn geliefert. Frauen sind es nicht im entferntesten gewöhnt, ihre Wünsche von den Augen abgelesen und wortlos erfüllt zu bekommen. Selbst Amy, die in einer reichen, absolut in sie vernarrten Familie aufgewachsen ist, gestand mir hinterher, daß ihr die Erfahrung, von vorn bis hinten bedient zu werden, völlig neu gewesen sei.

Jetzt höre ich viele Männer laut Einspruch erheben, daß auch sie diese Erfahrung nie gemacht hätten, aber das liegt nur daran, daß sie es einfach nicht wahrnehmen, sondern für selbstverständlich halten. Wer putzt ihre Wohnung? Wer kocht ihre Leibgerichte? Versetzt sich in ihre Lage, wenn sie von der Arbeit nach Hause kommen? Erahnt, wie sie berührt werden wollen? Mit größter Wahrscheinlichkeit eine Frau, denn zu hegen und zu pflegen ist gemeinhin der weibliche Lebenszweck. Beim derzeitigen Stand der Dinge führt das Umdrehen des Spießes nicht einfach zu einer umgekehrten, aber gleichartigen Situation. Denn in ihren neuen Rollen imitieren Frauen und Männer nicht einfach das Vorbild des jeweils anderen Geschlechts, sondern lassen ihre Phantasie erst einmal staunend durch die Gefilde dieser neuen Möglichkeiten schweifen.

Andere Freundinnen von mir äußerten ihre Bedenken unverblümter und ohne politisches Unterfutter: „Was, wenn einer von denen mir ein Gurkensandwich reicht und sein Dingsbums mir direkt vor der Nase herumbaumelt?"

„Du sollst deine Aufmerksamkeit nicht auf die Jungs, sondern auf die anderen Gäste richten, deren Anblick – falls sie dem Garderobenzwang (Kleid oder Frack war gefordert) Folge leisten – dich weitaus mehr erquicken wird."

Weitere Bedenken, die mich ärgerlich stimmten, wurden von einigen meiner lesbischen Freundinnen geäußert, die der Vorstellung, von nackten Männern bedient zu werden, nichts abgewinnen konnten als ein Gefühl der Übelkeit.

„Hier geht es nicht um sexuelle Vorlieben!" entgegnete ich. „Wenn dem nämlich so wäre, hätte ich mich als nackte Sklavin verdingt und die geladenen Frauen trügen alle Cowboystiefel. Wir sprechen hier von einem radikalpolitischen gesellschaftlichen Ereignis", fuhr ich fort. „Diese Männer sind nicht gerade eine Beleidigung für die Augen. Und was die Anmache angeht, so besteht die Gästeliste aus einer einmaligen Auswahl der unwiderstehlichsten Frauen."

Die sechzehn Frauen, die schließlich teilnahmen, waren in der Tat ausnahmslos erlesene Geschöpfe, was ihren Intellekt und ihr Aussehen betraf. Rupa erschien als Kleopatra in Sandalen und mit einem goldenen, schlangenförmigen Kopfschmuck. Lily hatte ihren Körper, den sinnbetörendsten, der jemals dem Schaum entstiegen ist, in ein Korsett geschnürt. Honey Lee sah aus, als sei sie in ihrem Frack auf die Welt gekommen, und Susans sahnige Kurven quollen aus einem trägerlosen violetten Lackkleid. Ich selbst trat anfangs in einem hinten geschnürten schwarzen Lederrock auf, trug gegen Ende aber, als mir zunehmend heißer wurde, schließlich nur noch meinen Slip und den Strohhut mit dem meterlangen Schleier.

Mein Freund Tom O'Connor bereitete für uns ein erlesenes Festmahl zu: geräucherter Lachs und frische Erdbeeren, raffinierte Kanapees, Madeleines und eine Auswahl an Buttergebäck. Der Fotograf Michael Rosen gestaltete Amys Bibliothek im ersten Stock zu einem viktorianischen Porträtstudio um. Exhibitionistinnen konnten also einen Sklaven ins Schlepptau nehmen und mit züchtig gefalteten Händen für ein Bild posieren, während ihre Füße mit fotogener Leidenschaft geküßt wurden. Ich bat Michael, ebenfalls nackt zu erscheinen, verschonte aber den Koch, der schließlich die dominanteste Position innehatte.

Ich glaube, die besten Stunden waren der Literatur gewidmet. Die Dichterinnen aus unserem Kreis bauten sich vor dem Kamin auf und heizten uns mit angemessener Poesie ein. Vieles davon war so erotisch, daß ich mich kaum auf den süßen Sklaven zu meinen Füßen konzentrieren konnte. Er löste meine Strümpfe von den Strapsen, rollte sie herunter, erwärmte meine Füße mit Öl und ließ meine Zehen mit seinem zarten Brustflaum spielen, während er meine Ballen knetete und zwischen den Handflächen rollte. Eine nette Zerstreuung. Unser blonder S. bürstete mein Haar, bis es glänzte, doch leider verschwand er im Verlauf der Party. Später erfuhr ich beim Dienstbotenklatsch mit J. zu meinem Entsetzen, daß S. „die Puppen nicht scharf genug" fand. Ich kann nur sagen, daß er mein Haar Strähne für Strähne mit äußerster Hingabe gestriegelt hatte.

Irgendwann kam R. ganz verzweifelt zu mir und wies mich darauf hin, daß eine Gruppe von Männern die Hausfassade begutachtete. „Ach die – das sind nur Architekturstudenten", gelang es Tom, ihn zu beruhigen. Mit dem Postboten hingegen sah es anders aus. Der glotzte einmal, glotzte ein zweites Mal, und dann rannte er davon, als sei der Teufel hinter ihm her.

Mir gelang es erst gegen Ende der Party, mich wirklich zu entspannen, egal wie häufig ich am Tee mit Brandy nippte oder wie oft ich massiert wurde. Ich traute mich erst ganz am Schluß, meine Hüllen fallenzulassen, als wir auf alle Anwesenden, besonders auf die Sklaven, anstießen und uns in der Bibliothek zu einem letzten Fototermin für Gastgeberinnen und Diener zusammenfanden.

„Könntet ihr mich vielleicht einmal auf den Händen tragen – in einer Art lebenden Wiege?" bat ich meine fünf übriggebliebenen Engel. Und P., der zu meiner Rechten stand, fragte ich, ob ich mich an seine Brust krallen dürfte – „nur für das Foto". Dann ließ ich mich so graziös wie möglich in ihre zehn starken Arme sinken.

Was für ein Tag! Die jüngsten wie ältesten Gäste verabschiedeten sich mit den Worten, daß sie niemals zuvor eine so stilvolle, erlesene Party erlebt hätten. Pech für diejenigen, die unsere Einladung aus Angst vor sexueller Nötigung oder Erniedrigung abgelehnt hatten. Kannte außer uns sechzehn einsamen Seelen niemand mehr die Bedeutung des Wortes „Stil"? Wußte niemand mehr, was „sagenhaft" hieß? Wie sollte der Ruf San Franciscos als Ort der Avantgarde erhalten bleiben, wenn sich nicht ein paar aufgeklärte Perverse dafür abrackerten?

Am folgenden Tag telefonierte ich mit meinen engsten Freundinnen Laura, Lisa und Amy. „Ich bedaure nur eines", gestand ich ihnen, „ganz am Ende, wißt ihr ... als mich diese Jungs vor der Kamera hochhielten, da hätte ich unsere Regeln doch gern geändert. In dem Moment hätte ich Lust auf ein bißchen Sex gehabt."

Maskuline Erotik in den Neunzigern

Wenn ich öffentlich über mein Interesse an Pornographie rede, entspreche ich optisch gewöhnlich dem stereotypen Weiblichkeitsbild: langes Haar, Lippenstift, hübsches Kleid. Aber die Worte, die aus meinem Mund kommen, drücken eine Offenheit und ein sexuelles Selbstvertrauen aus, die gemeinhin mit Maskulinität verbunden werden. Manchmal sprechen mich Männer darauf an: „Du kannst dir hier alles herausnehmen, weil du eine Frau bist. Wenn ich aufstehen und solche Dinge über Sex sagen würde, dann würden sie mich kreuzigen."

Diesen Männern versichere ich, daß ich mir wünschen würde, sie brächten den Mut auf, darüber zu reden, was sie anturnt. Ich glaube nicht, daß sie ausgepfiffen würden. Ich persönlich fände es erfrischend. Wann werden Männer endlich aufhören, sich ihrer Sexualität so leicht zu schämen?

In den neunziger Jahren wird Maskulinität aus einer unerwarteten Ecke herausgefordert und neu belebt: von Frauen, Lesben und Schwulen. Viele Heteromänner finden das absurd, beleidigend oder schlicht unbegreiflich. Was, so fragen sie sich, hat Maskulinität schließlich mit Weibern und Tunten zu tun?

Ein Mann hat viele Facetten, zu denen nicht zuletzt sein persönlicher sexueller Ausdruck gehört. Das klassische Bild männlichen Sex-Appeals erfordert eine Portion guten Aussehens, Stärke, einen klaren, beständigen Blick und eine Prise Draufgängertum. Jede/r, egal ob homo oder hetero, vermag diese Qualitäten zu schätzen und sich anzueignen. Während viele heterosexuelle Männer die erotische Darstellung von Maskulinität als gegeben hinnehmen, haben schwule Männer eine eigene Ästhetik daraus entwickelt – zuerst in Schwulenpornos –, die dann in die Massenkultur einzog. Wer kann schon beschwören, wer zuerst da war: der Pin-up-Boy in *Honcho* oder *Adam* oder der Marlboro-Mann?

Und was Frauen angeht: Anflüge von weiblicher Maskulinität, die es immer gegeben hat, die bislang aber gern unterdrückt wurden, sind das zu knackende Tabu der neunziger Jahre. Die Anziehungskraft einer Frau wird noch gesteigert, wenn sie ihren weiblichen Körper mit einem maskulinen Outfit oder Auftreten kontrastiert. Wenn sich Madonna zwischen die Beine faßt und ihnen die Möse entgegenreckt, schlagen die Herzen von Homos, Heteros und Bisexuellen gleich einen Takt schneller. Frauen haben entdeckt, daß es ihnen Aufmerksamkeit verschafft, wenn sie männliche Unverfrorenheit an den Tag legen. Kesse Väter gelten immer noch nicht als das vorherrschende Schönheitsideal, doch die Femmes, die sie bewundern, haben sich ein paar ihrer Kriterien in bezug auf die Schönheit weiblicher Maskulinität zu eigen gemacht. Dem Rest der Welt könnte dies gleichfalls nicht schaden.

Der Impuls für die kosmetischen Debatten wie für die Renaissance des Sex-Appeal ging nicht von den Modezeitschriften aus. In den vergangenen Jahrzehnten wurden die Geschlechtsrollen mit unerhörten Herausforderungen konfrontiert. Das sogenannte New-Age-Bewußtsein betonte die Möglichkeiten dessen, was Männer sein könnten, wenn sie nur wollten. Wenn der Sexismus Mr. Chauvi Schuldgefühle bereitete, hatte er nun Gelegenheit, sich für seine „Penisprivilegien" zu entschuldigen.

Aber irgendwie wirkten diese ganzen Entschuldigungen und die schwanzwedelnde Betroffenheit kaum überzeugender als die Schuldgefühle liberaler Weißer in bezug auf den Rassismus. Was Feministinnen an den „feministischen" Männern des New Age am meisten nervte, war, daß viele von ihnen die Klappe aufrissen, aber nichts dahintersteckte als leere Worte. Nicht einmal – und das ist gewiß kein Zufall – Sex. Also, Jungs, verzieht euch gefälligst in eine andere Ecke, wenn ihr eure Schwänze hassen wollt.

Augenscheinlich haben viele Männer – ob liberal, New Age oder neokonservativ – sich der altmodischen, puritanischen Forderung unterworfen, nach materiellem Erfolg zu streben – um jeden Preis. Bei meiner Generation ging das auf Kosten von Sex. Der weiße amerikanische Durchschnittsmann verdrängte seine erotischen Empfindungen und verzichtete überhaupt auf die Darstellung seiner Maskulinität.

Wenn Männer ihre Sexualität in die Besenkammer verbannen, ändert dies am Sexismus keinen Deut. Keine Frau erhält dadurch einen besseren Job oder fühlt sich nachts auf der Straße sicherer, weil Walter Wichsmann seine ganzen Pornozeitschriften verbrennt und seiner Freundin und seinen Bekannten gegenüber behauptet, so wichtig sei Sex nun auch wieder nicht. Eine ins Bett zu kriegen ist gewiß nicht das Wichtigste auf der Welt, aber den Wert unserer eigenen Sexualität – unseres Begehrens und unserer erotischen Identität – sollten wir nicht unterschätzen. Wenn heterosexuelle Frauen entdecken, welche Bedeutung Sex für sie hat, ist das oft eine frustrierende Erfahrung, weil es Männer nicht gleichermaßen zu interessieren scheint, sich sexuell fortzubilden. Um es einmal unverblümt auszudrücken: Frauen, die es nach erotischer Maskulinität gelüstet, finden in der Regel nur unattraktive Arbeitstiere oder armselige Ausgaben der männlichen Spezies vor. Die Ausnahmen von der Regel sind nicht weniger problematisch. Da gibt es das unverbesserliche Chauvi-Schwein, das sich zwar im Bett als Don Juan und im Salon als Gentleman erweist, aber leider selten derselben Frau gegenüber. Ihre miese Doppelmoral scheint untrennbar mit ihrem männlichen Charme und ihren Vorstellungen verknüpft. Kritisieren wir sie wegen ihrer häßlichen Arroganz, ziehen sie den Schwanz ein und schleichen heim zu Mami.

Die zweite Ausnahme wird in dem Witz, der seit zwanzig Jahren unter heterosexuellen Frauen kursiert, beschrieben: „Wenn mir einer gefällt, ist er garantiert verheiratet – oder schwul!" Schwule werden von Heteromännern zwar als tuntige Waschlappen abgetan, aber Frauen merken, daß mehr dahinter steckt. Die gängigen erotischen Bilder von Maskulinität entspringen allesamt der schwulen Ästhetik, egal ob sie in den Hochglanz-Modejournalen oder im schwulen Porno abgedruckt sind.

Alle Trends in der aktuellen Männermode, im Bodybuilding wie im Bereich Körperpflege und -schmuck für Männer wurzeln in der schwulen Subkultur. Die Calvin-Klein-Werbung zum Beispiel wirkt wie eine elegante Parodie auf ein Hardcore-Pin-up aus *Blueboy*, einem Muskelprotz-Blättchen für Schwule. Sämtliche Darstellungen des etwas abgerissen, aber umwerfend aussehenden Kerls vom Typ „wortkarg, aber stark" (à la Clark Gable oder Mapplethorpes Akte) gehen auf schwule Idealbilder zurück. Maskulinität in Reinkultur, zu schön, um wahr zu sein, aber Femmes und Tunten wissen schon lange, wieviel Mühe es kostet, eine „wahre" Schönheit zu sein.

Frag die Männer, die ihren Sex-Appeal zur Profession erhoben haben. Sie wissen, wie ergeben die schwule Welt dem Schönheitsideal huldigt. Wenn Arnold Schwarzenegger erzählt, wie er vom Mr. Universum zum Mr. Filmstar aufstieg, spart er gewöhnlich eine interessante Tatsache aus: Bodybuilding und Hollywood werden von der Schwulenbewegung gemacht, gepäppelt und angebetet. Schwarzenegger wäre nie so weit gekommen, wenn er die schwule Quelle seiner Ästhetik nicht respektiert hätte.

Männer, die in der schwulen Ästhetik bewandert sind, sind unverbesserliche Romantiker, was klassische maskuline Schönheit und Werte angeht. Reife, aber ungeschulte Heteromänner haben auch ihre romantischen Idealbilder – Arnold Schwarzenegger, Kevin Costner und James Bond –, verfolgen sie aber allenfalls mit Blicken, ohne sie nachahmen zu wollen. Junge Heteromänner neigen dazu, sich wie ihre Helden zu kleiden und zu verhalten, aber wenn sich im Laufe der Jahre die Trägheit sexfeindlicher Verpflichtungen breitmacht, macht sich ihr männliches Schönheitsbewußtsein auf und davon. Für den schwulen Mann besteht ein Teil seines Reifeprozesses darin, seine eigene Auffassung von maskuliner Erotik zu entwickeln. Dem heterosexuellen Durchschnittsmann hingegen erscheinen maskuline Schönheit und Romantik als kindische Dinge, derer er sich angesichts seiner Aufgabe, Verantwortung zu übernehmen und zum Ehemann und Familienvater zu avancieren, entledigt. Das Ideal der Kleinfamilie läßt für sexuelle Vitalität und Reife keinen Raum.

In den siebziger Jahren griffen wir die starren Konventionen des Kleinfamilien-Ideals mit flammenden Reden an. Wir diskutierten über Yin und Yang und die Zukunft der Androgynität. Leider wurde Androgynie in der Folge mit Gleichmacherei, Fadheit und einem Mangel an Unterschieden gleichgesetzt. Wir brauchen also eine neue Vokabel, um unsere diesbezüglichen Ideen zu verdeutlichen. „Genderfuck" – unsere Antwort auf die Enterotisierung – ist das Wort, das die Androgynitätsdebatte der siebziger Jahre in die neue Perspektive der neunziger Jahre rückt. Deinen Mao-Tse-tung-Einheitsanzug kannst du wegpacken. *Faux equality* wurde als Kompromiß und Konformitätsdenken entlarvt. Denn gerade der Unterschied zwischen Jungs und Mädels verleiht der Androgynität überhaupt erst ihre Faszination.

Die Schönheit und Kraft maskuliner Erotik ist erregend, egal wer sie verkörpert – ob eine attraktive Lesbe oder das neueste Macho-Filmidol. Doch die größte Erotik liegt vielleicht in dem Mut, zu deinem eigenen Stil und zu deiner Sexualität zu stehen – ohne Ausflüchte. Wenn wir die uns vorgeschriebenen Rollen gegen unser erotisches Begehren ausspielen, zieht letzteres meistens den kürzeren – wir leben schließlich in dem Land, das den Werbespruch „Sag einfach nein!" verinnerlicht hat. Das gilt nicht nur in bezug auf Drogen, sondern leider auch in bezug auf Sex. Sex kommt immer an letzter Stelle, in der Erziehung, der Unterhaltung und in unseren Beziehungen. Es scheint ganz so, als sei Erotik höchstens im TeenagerInnenalter oder zu Beginn einer Liebesaffäre bedeutsam.

Die Frauen-, die Lesben- und die Schwulenbewegung haben die Beteiligten dahin gebracht, größere sexuelle Befriedigung und mehr Erotik im Leben zu fordern. Beides haben wir auch bekommen. Jetzt sind die sogenannten Heterokerls an der Reihe, ihre sexuellen Phantasien zu befreien – andernfalls riskieren sie es, den Anschluß für immer zu verpassen. Die neunziger Jahre werden hohe sexuelle Anforderungen an die Männer stellen – nicht im Bett, sondern in bezug darauf, ihre maskulinen und femininen Eigenschaften zu erkennen und erotisch zum Ausdruck zu bringen.

Der virtuelle Orgasmus

Ich hatte bei jenem Abendessen nicht damit gerechnet, Zeugin von entkörperlichtem Sex zu sein. Tatsächlich überraschte es mich, daß Perry mit soviel Spaghetti im Mund das Telefon überhaupt beantworten konnte.

„Hallo Süßer, hier spricht Lacy", hauchte sie näselnd in den Hörer. Automatisch hob sie für ihre Partnerin, die ihr gegenüber am Tisch saß, fünf Finger in die Höhe.

„Was bedeutet das?" fragte ich Callie mit leiser Stimme. Ich hatte noch nie zuvor ein Telefonsex-Gespräch live miterlebt.

Callie machte sich nicht die Mühe zu flüstern. „Fünf Minuten. Schau auf die Uhr, und wir werden sehen, ob sie ihn innerhalb von fünf Minuten soweit hat."

Perry hatte inzwischen ihren Bissen hinuntergeschluckt und schnurrte in den Hörer. „Ich habe die Maße sechsundneunzig-fünfundsechzig-zweiundneunzig", erklärte sie, während sie mit ihren Birkenstocks gegen mein Stuhlbein klopfte. Perrys Taille hat seit zehn Jahren keine fünfundsechzig Zentimeter mehr gemessen. Und wenn sie noch mehr von diesen faustdicken Lügen von sich gab, würde ich die Fischmarinade vermutlich durch die Nase prusten ...

„Genau", säuselte Perry, „ein C-Körbchen und – oh ...!" Sie ließ den Hörer baumeln. „Das hat noch nicht einmal eine Minute gedauert."

Callie erklärte mir die Regeln ihres Heimbetriebes: „Aber er zahlt trotzdem mindestens für fünfzehn Minuten." Sie protzte lieber mit den finanziellen Fakten, als mir die Mechanismen sexueller Phantasien zu erläutern.

„Dieser Mann hat sich gar nicht mit *dir* unterhalten", wunderte ich mich und musterte Perrys Telefon. Es sollte nicht etwa wie ein Vorwurf klingen – ich war schlichtweg beeindruckt. „Der hat einer Eieruhrfigur mit Hauchstimmchen zugehört, die ihn so heftig kommen ließ, daß er es noch nicht einmal schaffte, auf Wiederhören zu sagen."

„O doch, ich bin ich. Und zwar jedesmal." Perry spannte eine Spaghetti zwischen ihren Fingern. „Ich begrüße dich zum Sex der Zukunft, Miss Sexpert. Im Glasfasernetz wirst du jede Verkörperung, die du willst, virtuell darstellen können. Aber jede der Blondinen, Rotschöpfe und umwerfenden Brünetten, die ich am Telefon entwickle, verkörpert einen Teil von mir."

Perry und Callie hatten mir schon sechs Jahre zuvor von ihrem Telefonsex-Unternehmen berichtet, als solche erotischen Anschlüsse noch relativ neu waren. Die Entwicklung des Glasfaserkabels ist seitdem ein Stück vorangekommen. In nicht allzu ferner Zukunft wird Perry ihren Kunden von ihrer BH-Kollektion nicht mehr nur erzählen, sondern sie ihnen „zeigen" können – in 3-D. Diese Technologie wird als „Virtuelle Realität" bezeichnet – „virtuell", weil sie absolut real erscheinende Situationen erzeugen kann, die aber nicht real sind. Sie wird es uns praktisch ermöglichen, alternative Wirklichkeiten zu wählen, uns in selbsterfundene Szenarien und Abenteuer zu versetzen. VR ist längst kein Hirngespinst mehr – in den Forschungslaboratorien von Silicon Valley wird fieberhaft daran gearbeitet.

„Unter virtueller Realität mußt du dir einfach eine computererzeugte echte Welt vorstellen", erklärte mir mein Freund Richard Kadrey, ein Science-Fiction-Autor. „Du trägst einen Helm und einen sogenannten Datenhandschuh. Dieser Helm ist mit zwei kleinen Videoprojektoren ausgestattet – im Prinzip zwei Fernsehmonitoren, die direkt im Blickfeld liegen und es komplett abdecken, so daß du ein dreidimensionales Bild wahrnimmst. Mit deiner Hand im Handschuh kannst du die wie auch immer gearteten Objekte in deiner simulierten Umwelt bewegen."

„Das macht ja Flüge in der Touristenklasse völlig überflüssig!" rief ich voller Begeisterung. Ich begann nachzurechnen, in wieviel Jahren diese Technologie so günstig sein würde, daß sich jede Frau das Zubehör vom Haushaltsgeld würde leisten können.

Richard aber schüttelte nur den Kopf: „Die Leute flippen angesichts dieser Idee genauso aus wie damals in den fünfziger Jahren angesichts des Computers. Sie führen sich auf wie die Jetson Family aus dieser Serie, in der niemand mehr Auto fährt, sondern alle mit Hubschraubern fliegen. Es wird viel herumgesponnen, doch tatsächlich befindet sich diese Technologie noch im primitiven Anfangsstadium. Stell dir vor, wir sitzen hier in diesem Zimmer", fuhr er fort, „und auf dem Tisch stehen ein paar Teetassen."

„Virtuelle Teetassen, oder?" fragte ich. „Die ich mit Hilfe meines Helms sehen kann." Er nickte ungeduldig, um endlich zum spannenden Kern der Sache zu kommen.

„Meine behandschuhten Finger, die virtuelle Hand also, greift zu, um eine Teetasse zu nehmen. Im Datenhandschuh befinden sich kleine Stifte, so daß ich so etwas wie eine Tasse spüren kann, wenn sich meine Hand darum legt. Weiter sind wir noch nicht gekommen."

„Wenn es sich also um eine Tasse heißen Tee handelte, könnte ich die Wärme nicht spüren?"

„Nein."

„Ich würde nur die Form einer Teetasse wahrnehmen?"

„Genau. Und du könntest auch nicht zwischen dieser Teetasse und einem weichen Sofa unterscheiden. Die verschiedenen Oberflächen würden sich alle gleich anfühlen. Du könntest nicht feststellen, welcher Gegenstand aus Baumwolle und welcher aus Porzellan ist."

Nachdem Richard das alles Schritt für Schritt erklärt hatte, war ich einerseits ein bißchen enttäuscht, andererseits noch immer fasziniert. Würde VR sich zu einem bewußtseinserweiternden Kommunikationsinstrument entwickeln, von dem wir bislang nicht mal zu träumen wagten, oder sich als genauso abgedroschen und überbewertet entpuppen wie die neueste Geisterbahn auf dem Rummelplatz? Wozu wurde VR im Moment noch benutzt, außer für dreidimensionale Kaffeeklatsch-Vorführungen?

R.U. Sirius heißt der seriöse Herausgeber von *Mondo 2000,* einer Zeitschrift, die sich der Phantasie und der Computertechnologie widmet, besonders dem Bereich „Cyberspace". Diesen Begriff hat der Schriftsteller William Gibson geprägt, um den Raum zu beschreiben, den du in der virtuellen Realität betrittst. Sirius klärte mich darüber auf, daß die am weitesten entwickelten Formen der VR beim Verteidigungsministerium und der NASA zum Einsatz kommen.

„Das Verteidigungsministerium besitzt die leistungsfähigste Teleoperator-Technologie zur Fernaufklärung mittels Computer," erzählte er. „Diese Ausrüstung wurde damals im Irak verwendet. Der Golfkrieg gilt als ‚virtueller Krieg', und das dürfte ziemlich genau das Gegenteil der Technoerotik sein, an der du interessiert bist."

„Was ist unter einem ‚virtuellen Krieg' zu verstehen?"

„Sie haben das Territorium simuliert und den Krieg im Cyberspace geprobt, um menschliche und andere Ressourcen zu schonen. Es bedarf keiner großen menschlichen Intelligenz, einen geschickten Bombenangriff zu fliegen. Sie setzen sich ihre 3D-Brillen auf und gucken, wohin sie fliegen und die Bomben abwerfen müssen. Hier dient VR als Kartographie-System."

Aber nicht nur Kriegsexperten setzen auf die Möglichkeiten der virtuellen Technologie. Sirius ratterte eine Liste von Interessenten auf dem sich entwickelnden virtuellen Markt herunter, als ob er schnell einmal durch einen Wirtschaftsreport blätterte.

„Hollywood rätselt wie besessen daran herum, wie VR eingesetzt werden könnte. Es wird ein ganz großes Ding werden. Bald
gibt es die Serie, für die du dir im Laden an der Ecke für neunundneunzig Cent Brille und Handschuhe ausleihen kannst. Mat-
tel hat bereits ein einfaches Spiel mit Datenhandschuh entwickelt ... Im Moment befassen sich zahlreiche unabhängige
VR-Forschungsteams damit, Systeme zu entwerfen. VR-Syste-
me werden an ArchitektInnen verkauft, die damit ganze Gebäude virtuell entwerfen und begehen können, um besser einzu-
schätzen, wo es Probleme geben könnte. Auch in der Medizin
hat VR große Zukunftschancen."

Nach all diesen Gesprächen mit meinen FreundInnen kam ich
zu dem Schluß, daß Virtuelle Realität Forschung, Bildung und
Unterhaltung grundlegend beeinflussen wird. Zweifelsohne
denken die Leute, seit sie ins Gespräch kam, über die erotischen
Möglichkeiten nach, die VR bietet.

Howard Rheingold ist der Verfasser von *Virtuelle Welten*,
einer Fibel über die Entwicklung der Cyberspace-Forschung.
Eines der Kapitel widmete er „Teledildonics". Das Wort Dildo-
nics wurde 1974 von dem exzentrischen Computervisionär
Theodor Nelson geprägt. Er bezeichnete damit eine Maschine,
die in der Lage war, Töne in taktile Empfindungen umzusetzen.
Rheingold *spekulierte* in diesem Kapitel ein bißchen darüber, wie
erotische Telepräsenz aussehen könnte, und wurde prompt mit
Anrufen begieriger KonsumentInnen überschwemmt, die eine
solch perfekte Fickmaschine kaufen wollten.

„Aber woher kommt dieses besessene Verlangen nach virtuellen Sexerlebnissen?" fragte ich Rheingold. „Jede und jeder von
uns hat doch die Möglichkeit, *wirklichen* Sex zu genießen. Sex ist
doch keine Reise zum Mond. Du kannst ohne weiteres eine deiner Sexphantasien durchspielen oder dir ein sexuelles Abenteuer suchen – ohne die Unterstützung eines Computers. Wozu al-

so dieser ganze Wirbel? Man könnte meinen, die Leute hätten noch nie Sex gehabt!"

„Na ja, viele Leute haben tatsächlich kein Sexleben", meinte Rheingold. „Viele kommen anderen Menschen nie nahe. Die meisten halten Sex doch für etwas Anrüchiges – dir muß ich das ja wohl nicht erklären. Es gibt ein enormes Potential an unterdrückten Trieben – und das gute alte Interesse am Obszönen. Es ist nicht zu leugnen, daß sich mit Sex alles besser verkaufen läßt. Die Beziehung zwischen Kopf und Bauch ist einer Wandlung unterworfen, doch es fällt nicht leicht, diese Entwicklung zu beschreiben. In unserem Innersten müssen wir mit Zukunftsängsten zurechtkommen. Und schließlich wird uns eine echte Zufriedenheit mit unserem Körper doch permanent vermiest."

Ich hakte nach, weshalb Howard sich so pessimistisch gab, denn niemand vermag ohne ein Quentchen Optimismus so charismatisch über die Zukunft zu schreiben wie er.

Er gab zu: „Einerseits klingeln bei mir die Alarmglocken, weil wir in eine künstliche Welt einsteigen wollen. Andererseits können wir natürlich nicht das einundzwanzigste Jahrhundert mit den moralischen Maßstäben des zwanzigsten messen. Wie wäre es, wenn zum Beispiel zwanzig Milliarden Menschen auf dem Planeten leben – sollten sie alle mit ihren Autos ins Grüne fahren? Vielleicht wäre es besser, sie blieben in ihren Wohnungen und trieben virtuellen Sex miteinander – übrigens eine sehr sichere Safer-Sex-Variante. Vielleicht wäre das gar nicht schlecht."

„Ich habe ein Gerät, das Kommunikation über den Tastsinn ebenso wie über audiovisuelle Darstellungen ermöglicht, für eine prima Idee gehalten", fuhr er fort. „Warum also nicht auch ein Gerät, das zudem noch die Körpersprache einschließt? Körpersprache würde sich in diesem Fall auf Tanz, Massage und Sex beziehen."

Wir saßen wieder einmal an meinem Küchentisch, als Richard mir im Detail erklärte, inwiefern ein virtuelles Sexerlebnis ein neues Licht auf die menschliche Sexualität werfen würde.

„Wenn wir beide uns in einem netten Hotel träfen, um Sex zu haben, bräuchten wir dazu in jedem Fall deinen physischen Körper, meinen physischen Körper und die entsprechende Umgebung. Das VR-Szenario kommt ohne solche physikalischen Gegebenheiten aus. In der virtuellen Realität mußt du nicht zwangsläufig du sein; du kannst aussehen, wie es dir in den Sinn kommt, kannst dein Geschlecht tauschen oder beide Geschlechter miteinander kombinieren. Du mußt noch nicht einmal unbedingt eine Person darstellen. Du könntest der Vibrator sein. Oder das Bett oder der Fernseher am Fußende des Bettes."

Endlich bot mir jemand ein Szenario, das mich aufhorchen ließ. „Stimmt – ich würde liebend gern mal in die Rolle des Vibrators schlüpfen! Aber das wäre mir niemals selbst eingefallen. Ist so eine ausgeprägte Phantasie die Regel?" fragte ich.

„Keineswegs! Die Leute wünschen sich zu neunundneunzig Prozent völlig banale Dinge. Der virtuellen Welt wohnt die Möglichkeit inne, genauso banal zu sein wie die wirkliche. In den Anfängen wird das vermutlich auch so sein. Wie immer, wenn es um Sex geht, wird hier eine ähnliche Entwicklung stattfinden wie bei der Pornographie: Typen, die in ihrem Hobbykeller Streifen mit großen Schwänzen und einem Close-up vom Abspritzen filmen. Ich prophezeie dir, daß im ersten VR-Sexspiel einem virtuell einer geblasen wird. Die anfänglichen Programme werden echt lahme Teeniephantasien wiedergeben. Und bestimmt wird es Software geben, die dich aussehen läßt wie Madonna. Wahrscheinlich werden sich in den virtuellen Welten Horden von Tom Cruises und Bob Lowes tummeln."

Mit diesem Szenario öffnete Richard die Büchse der Pandora, die ich die ganze Zeit schon hatte aufmachen wollen. Die Computer- wie auch die Sexindustrie werden traditionell von Männern beherrscht. Welche Chance bestand für weibliche Gelüste und Perspektiven in einer von Computerfreaks entworfenen virtuellen Realität? Meine eigenen äußerst weiblichen Teeniephantasien wollen auch bedacht sein, aber ich rechne nicht damit, daß sich die industrielle Massenproduktion mit ihnen befassen wird. Abgesehen von meiner Schwäche für Gleichberechtigung fragte ich mich, welche Arten von virtueller Software auf uns zukämen, wenn sie von Technikfreaks entwickelt würden, denen jegliche soziale Kompetenz und gesellschaftliche Vision abging?

Diese Fragen führten mich unmittelbar zu einer Seelenverwandten in Sachen userfreundlicher und sozial verträglicher Anwendung von VR, der VR-System-Designerin und -Forscherin Brenda Laurel. Sie ist Mitbegründerin einer VR-Firma namens *Telepresence*. All meine vorherigen GesprächspartnerInnen hatten mich wiederholt darauf hingewiesen, daß ich Brenda unbedingt kennenlernen müsse. „Sie war früher mal Schauspielerin – sehr ungewöhnlich für diesen Arbeitsbereich."

„Ja, ich war jahrelang beim Theater. Bis ich Kinder bekam und die Proben nicht mehr schaffte", erinnerte sich Brenda. „1976 bin ich in die Computerspiele-Industrie reingerutscht. Ich habe dort aus bitterer Erfahrung gelernt, daß die Art der Aussagen und Erfahrungen, die ein Medium vermitteln kann, entscheidend davon abhängt, wer anfangs seinen Fuß in die Tür kriegt und die Möglichkeit bekommt, an der Entwicklung mitzuarbeiten. Daher bemühe ich mich darum, bereits im Anfangsstadium von VR Künstlerinnen und Künstler einzubeziehen. Auf diese Weise erarbeiten wir ein Medium mit einer großen Bandbreite von Anwendungsmöglichkeiten und einer humanistischen Ausrichtung."

„Welche Botschaften sind das denn, über die du dich so aufregst?" wollte ich von Brenda wissen.

„Das Computerspiel-Genre zum Beispiel hat eine Art von Immunsystem entwickelt. Da sitzen Programmierer dran, die sich ausschließlich einer statistisch ermittelten Bevölkerungsgruppe männlicher Heranwachsender widmen und dazu eine sehr weiße, sehr westliche Vorstellung davon besitzen, was Kinder interessieren könnte. Tragisch finde ich dabei, daß du willst, was du kriegst. Das heißt, inzwischen werden ausschließlich Spiele verlangt, in denen es ums Schießen und Killen und Bombenwerfen geht, weil die Leute nie eine andere Wahl hatten."

„Aber was genau macht diesen typisch männlichen Blickwinkel aus, aufgrund dessen Männer Technologien entwickeln, die auf Kriegsspielen und primitiver Pornographie fußen?" Ich mußte sie ganz schön bearbeiten, um zu erfahren, welche Ursachen sie für diese Testosteron-Technomanie vermutete. Brenda entschuldigte sich zunächst dafür, alle Männer über einen Kamm zu scheren („Immerhin arbeite ich mit Männern zusammen, deren Vorstellungen mit meinen übereinstimmen!"), aber ihre Kritik enthielt offensichtlich mehr als nur ein Körnchen Wahrheit.

„Aus fünfzehn Jahren Erfahrung mit Computertypen weiß ich, daß es darunter eine Gruppe gibt, die wir Computerfreaks nennen. Sie fühlen sich in bezug auf ihren Körper und ihre Sexualität äußerst unwohl. Mir wurde von anderen Männern erklärt, daß diese Freaks ins Computerbusineß abtauchen, um den gesellschaftlichen Anforderungen, die in unserem Land an Männer gestellt werden, und insbesondere den Frauen zu entfliehen. Es handelt sich dabei um ganz nette Jungs, keine Ekeltypen, nur schüchterne, unsichere Knaben."

„Wenn sich Männer über Virtuelle Realität unterhalten", fuhr Brenda fort, „verwenden sie oft Formulierungen wie ‚entkörperlichte Erfahrung' oder ‚aus dem Körper heraustreten'. Damit sind nicht die entkörperlichten, spirituellen Erfahrungen östlicher Mystiker oder peruanischer Indios gemeint. Sie reden davon in dem Sinne, daß du die Luftverschmutzung nicht mehr mitansehen mußt, wenn du dir einen Bildschirm vor die Augen knallst. Das nenne ich eine für westliche Industriegesellschaften typische Mentalität nach dem Motto: ‚Wir machen uns die Erde untertan!'.

Wenn hingegen Frauen sich zu Virtueller Realität äußern, stellen sie es sich so vor, daß sie den Körper mit in eine andere Welt nehmen. Dahinter steckt die Vorstellung, unsere wundervollen Sinnesorgane mitzunehmen, statt unseren Körper über einer Tastatur zusammensacken zu lassen, während unser Gehirn irgendein Netzwerk entlangdüst. Unser Körper ist doch nicht nur ein Behältnis für unseren glorreichen Intellekt."

Ich fragte mich, wie Brenda ein neues humanistisches Fundament schaffen wollte. „Kannst du mir ein Beispiel für einen fortschrittlichen Ansatz nennen, der darauf hindeutet, daß die Virtuelle Realität nicht dasselbe Schicksal erleiden wird wie die Videowelt?"

„Also gut, ich werde dir ein Beispiel geben, das zur einen Hälfte aus Tatsachen, zur anderen aus Phantasie besteht. Im Genre der Fantasy-Spiele mußt du dir eine Rolle, wie zum Beispiel Zwerg oder König, aussuchen. Manchmal darfst du auch wählen, ob du männlich oder weiblich sein willst. Aus dem Fantasy-Spiele-Geschäft ist ein Netz entstanden, das Habitat heißt und 1987 von Lucasfilm entwickelt wurde. In Japan wird es schon benutzt. Dabei siehst du auf dem Bildschirm keinen Text, sondern eine Grafikoberfläche, auf der du ein Abbild deiner selbst entwerfen kannst. Alle, die ans Netz angeschlossen sind, können diesen Körper und dieses Gesicht sehen. Das Programm ist sehr primitiv, zweidimensional, so ungefähr wie bei den Montagsmalern.

Und jetzt kommt der phantastische Teil: Das Ganze wird in ein dreidimensionales VR-System übertragen, in dem du die Hauptrolle spielst. Sexualität macht einen großen Teil unseres Selbstbildes aus, und im wirklichen Leben können die meisten von uns nur über eine ziemlich kleine Palette verfügen. Unsere gesamten Vorstellungen von Kleidung, Make-up, Frisur und Verhalten sind ziemlich reglementiert und was die Geschlechtsrollen angeht wie in Stein gehauen. Mit VR kannst du dein sexuelles Spektrum erweitern – und sogar die Geschlechterrollen. Du könntest sogar in die Haut einer anderen Spezies schlüpfen."

Ich blinzelte und erinnerte mich plötzlich an ein tiefes Verlangen, an das ich seit meiner Sandkastenzeit nicht mehr gedacht hatte. „Ich hätte gern einen Schwanz!"

„O ja, ein Schwanz zum Anfassen klingt gut – mit einer Menge kuscheligem Fell."

Nicht all meine anfänglichen Reaktionen auf VR hatten so spielerischen Charakter wie die Neuerfindung meines Traumkörpers. VR forderte es geradezu heraus, meine verbotensten Tabus zum Leben zu erwecken. Ich wandte mich an eine meiner erotischen Ratgeberinnen, Honey Lee Cottrell.

„Was würdest du davon halten, die obszönsten Ideen, die dir beim Masturbieren je gekommen sind, für eine virtuelle Reise zu programmieren?" fragte ich sie und erklärte ihr die Technologie so bildhaft wie möglich.

Honeys Reaktion versetzte mich in Erstaunen. „Das würde nicht funktionieren. In meiner sexuellen Vorstellungswelt habe ich die Konfrontation mit den Tabus unter Kontrolle. In bestimmten Augenblicken drehe ich auf, aber ich kann jederzeit wieder auf Distanz gehen. Wäre ich gezwungen, mich meinen Tabus in ihrem ganzen Ausmaß auszuliefern, würde ich dichtmachen. Meine Tabus würden die erotische Komponente abblocken, und ich könnte nicht mehr sexuell reagieren."

Richard Kadrey konnte Honey Lees Reaktion nachvollziehen. „Es scheint schwierig zu sein, die Phantasiewelt von der wirklichen Welt zu unterscheiden. Wenn du vor dich hin träumst, bist du dir in einem gewissen Maß immer noch bewußt, daß du auf deinem Sofa sitzt. Mit VR würden solche Einzelheiten verblassen. Die Grenzen zwischen Phantasie und Wirklichkeit würden sich sehr rasch verwischen. Abgesehen von der Angst, daß du in einer virtuellen Phantasie Amok laufen könntest – wo ziehst du die moralische Grenze? Sollte es gestattet sein, innerhalb einer virtuellen Umgebung illegalen oder unethischen Sex zu treiben? Mit VR könntest du mit einem Tier oder einer nahen Verwandten Sex haben – oder gar in Georgia (verbotenerweise) jemanden in den Arsch ficken."

Als ich Howard Rheingold diese Überlegungen beschrieb, stimmte er zu: „Ganz gewiß. Diese und andere Szenarien werden den Markt überschwemmen, sobald es genügend Abnehmer gibt. Nichts Ausgeflipptes, sondern ganz normale Szenarien. Sagen wir, du inszenierst virtuell dein ‚Büro', mit all deinen Kolleginnen und Kollegen. Dein Boß nervt dich, und du jagst den ganzen Laden in die Luft. Wenn du an einem Wochenende deine VR-Dosis einmal nicht abholst, könnte das fatale Folgen haben."

„Doch daß VR auf diese Weise benutzt werden *könnte*", fuhr er fort, „heißt noch lange nicht, daß es nichts taugt. Wer weiß? Ich würde es für durchaus vernünftig halten, sorgfältig zu prüfen, ob mittels VR menschliche Verhaltensweisen beeinflußt werden könnten. Würde dich das nicht auch viel mehr interessieren?"

Auf seine Frage hin sträubten sich mir die Nackenhaare. Ich möchte lieber nicht glauben, daß Phantasien zwingend zu ihrer Umsetzung führen. Deswegen lehne ich schließlich auch die These ab, daß Pornos Gewalt verursachen. Wird VR der Zensur ein Ende bereiten oder ihr gar den Rücken stärken? Werden wir bald nur noch herumsitzen, Ringelreihen spielen und „Alle meine Entchen" singen dürfen? Werden sämtliche kontroversen Themen verboten sein, weil starke Gefühle zu unakzeptablem Verhalten führen könnten?

„Das, was dich in Wirklichkeit davor schützt, ein Tabu zu brechen, könnte dich auch in der virtuellen Realität davor bewahren", setzte Richard meiner wachsenden Paranoia entgegen.

„Wenn du eine tabuisierte Phantasie mit VR inszenieren willst, selbst wenn du sie genau so entwirfst, wie du sie dir in deinem Kopf ausgemalt hast, wird dabei etwas herauskommen, was weder deiner Phantasie noch der Realität entspricht. Du wirst eine völlig neue sexuelle Erfahrung erzeugen."

Angesichts der Aussicht, Erfahrungen machen zu können, die weder phantastisch noch real waren, sondern virtuell, fragte ich mich, inwieweit der Wert lebensechter Begegnungen sinken würde. Schon heute besuchen viele Leute lieber einen Actionfilm, als daß sie ein echtes Abenteuer erleben. Andererseits könnten menschliche Begegnungen auch zukünftig als Rarität hoch geschätzt werden. Wie würde sich das Erlebnis einer echten Geburt von einer virtuell inszenierten unterscheiden? Würdest du lieber virtuell oder real entjungfert werden? Und wie sieht in Zukunft das Schönheitsideal aus? Wenn sich jede Frau makellose Brüste und bis zum Boden wallendes blondes Haar zulegen könnte, würde dies als langweilig und banal abgetan oder entstünde daraus eine Nation virtueller „Arier"? So malte ich mir abwechselnd die süßesten und alptraumhaftesten Möglichkeiten aus, bis ich ganz beduselt war.

„Heute dreht sich in der Virtuellen Realität alles um Bilder", meinte Brenda, „aber später wird sich der Schwerpunkt hin zu Verhaltensformen und Interaktion verlagern. Andernfalls würden es die Leute bald aus Langeweile sein lassen. Wer will schließlich einen Haufen Geld bezahlen, um als Barbiepuppe herumlaufen zu können?"

„Jedes meiner VR-Szenarien enthält immer einen Teil von mir", sagte Brenda. Hatte nicht Perry genau dasselbe von ihren fabulierten Telefonsex-Persönlichkeiten behauptet?

Brenda erzählte mir von ihrem Geburtstag, den sie kürzlich gefeiert hatte: „Ich bin gerade vierzig geworden. Mit zunehmendem Alter verspüre ich eine wachsende Kluft zwischen der, die ich bin, und der, die ich sein möchte. Virtuelle Realität wird diese Kluft auf teuflische Weise vergrößern. Aber sie könnte mich auch retten, indem sie mir einen neuen Schauplatz bietet, auf dem ich meinen Körper so einsetzen kann, daß ich seine Grenzen überwinde."

Richard erinnerte mich daran, was es heißt, auf der Schwelle einer Entwicklung zu stehen, die wir kaum begreifen. „Als die Fotographie erfunden wurde, war das wie eine mystische Erfahrung. Wer das erste Mal ein Foto sah, meinte Gott zu sehen."

Ich dachte daran, wie meine Tochter juchzte, als sie zum ersten Mal ein Foto ansah und sich selbst darauf erkannte. Wenn wir unsere Träume, in einer virtuellen Landschaft, zum Leben erwecken können, könnte das eine Vision des Himmels darstellen – oder auch einen Ausblick auf die Hölle.

Reicht mir Brille und Handschuhe!

Susie enthüllt Camille

Ich begegnete Camille Paglia, Amerikas berühmtester anti-lesbisch-feministischer lesbischer Feministin, zum ersten Mal während meiner Lesereise für *Susie Sexperts Sexwelt für Lesben.* Ich sprach zu einem kleinen, aufmerksamen Publikum im schwullesbischen Buchladen *Giovanni's Room* in Philadelphia, als plötzlich diese verwahrlost aussehende Frau von ihrem Stuhl aufsprang. Sie fuchtelte mit den Armen, als ob sie das letzte Taxi am New Yorker Grand Central Busbahnhof zu kriegen versuchte, und schrie: „In der akademischen Welt bin ich dir als einzige wohlgesonnen!"

Ich warf den Angestellten des Buchladens einen bedeutungsvollen Blick zu – wo bitte war der Ordnungsdienst? Aber die Frau ließ sich nicht bremsen. Sie trat auf mich zu und schleuderte mir einen Stapel Papiere ins Gesicht, angeblich alles Besprechungen ihres neuesten Buches. Später am Abend führte ich mir die Seiten zu Gemüte. Ich hatte erwartet, mich mit einer dieser kosmischen Verschwörungstheorien befassen zu müssen, wie sie uns in San Francisco im Hippie-Viertel Haight Ashbury täglich um die Ohren gehauen werden. Statt dessen fand ich *furchtbar* ernste Besprechungen aus der hochintellektuellen KritikerInnenecke, die den Erstling dieser Frau, *Die Masken der Sexualität,* unter größtem Applaus oder mit größter Besorgnis kommentierten.

Tatsächlich wurde Camille Paglia von der amerikanischen Presse sehr bald zu jeglichem sexbezogenen Thema zitiert, ganz gleich, ob es sich um Amateurpornos oder sexuelle Belästigung handelte. Mit besonderem Vergnügen las ich ihre überaus sarkastischen Polemiken gegen das lesbische Establishment und dachte bei mir, daß die Heterowelt gar nicht begriff, daß sie die Übertreibung als rhetorisches Mittel einsetzte.

In der Zeitschrift *Spin* nannte sie die Selbsthilfebewegung geschlagener Frauen ein „Leitmotiv". Ich war erschrocken und angesichts dieses schieren schwarzen Humors zugleich amüsiert – ich ließ vor meinem inneren Auge all die politischen Bewegungen an mir vorüberziehen, deren Anfänge ich miterlebt hatte und die sich im Laufe der Zeit durch Zynismus und theoretische Kehrtwendungen zum Schlechten gewandelt hatten. In *Esquire* erklärte Paglia Lesben ohne Umschweife für sexuell und intellektuell „träge". Da hast du offenbar schon lange keine mehr abgekriegt, dachte ich.

Wie sich herausstellte, stimmte Camille mir in diesem Punkt unumwunden zu. Ich telefonierte mit ihr von einem mittelalterlichen französischen Dorf aus, wo ich mich verkrochen hatte, um den Folgeband zu *Susie Sexperts Sexwelt für Lesben* fertigzustellen. Zu gerne hätte ich sie leibhaftig interviewt. Ich hätte mich vermutlich gezwungen gesehen, sie ans Bett zu fesseln, um offene Antworten auf viele meiner Fragen zu bekommen.

Ruby Rich zitierte Camille in *Village Voice* mit den Worten: „Susie Bright und ich sind Gleichgesinnte." Mag sein, daß wir gelegentlich Gleiches im Sinn haben. Und dennoch bin ich der Meinung, daß Camille trotz ihrer Schimpftiraden gegen die akademische Welt zu lange in ihrem eigenhändig errichteten Elfenbeinturm eingesperrt war. Wie kann sie allen Ernstes der Meinung sein, Lesben seien die größten „Konformistinnen" der Welt? Wo hat sie während der „Operation Wüstensturm" gesteckt? Hat sie noch nie ein Einkaufszentrum besucht? Ihre Vorstellungen von männlicher Unfehlbarkeit hinsichtlich des Zivilisationsprozesses und ihrer sexuellen Vitalität werden oft als frauenfeindlich betrachtet, doch bringen ihre Aussagen durchaus auch einige Männer auf die Palme. In ihrem Buch spricht sie Männern die Fähigkeit zu Intimität und echtem Gefühlsleben ab. Vielleicht unterscheiden sich Camilles und meine Ansichten wegen unserer unterschiedlichen sexuellen *persona*. Schließlich halte ich Camille Paglia für eine „butch bottom" und mich selbst ... nicht.

Susie Bright: Viele Lesben, die deine Texte und Interviews lesen, haben insgeheim ihren Spaß dabei, weil ihnen viele deiner Kritikpunkte gefallen. Aber wenn du sie als sexuelle Nullen bezeichnest, sind viele Lesben empört und meinen, sie würden dich gern mal auf den Boden werfen und ficken, bis dir das Denken vergeht.

Camille Paglia: Himmlisch – das gefällt mir! Und wo finde ich diese Frauen?

S.B. (lacht): Das gefällt dir? Ich könnte dir eine Liste von Frauen zusammenstellen, die genau das gesagt haben! Erinnerst du dich an den Abend in Philadelphia, als wir uns das erste Mal begegnet sind?

C.P.: Natürlich. Den werde ich nie vergessen.

S.B.: Ich auch nicht. Du bist aufgesprungen wie von der Tarantel gestochen und hast behauptet, du wärst meine einzige Freundin in der akademischen Welt. Wie bist du darauf gekommen?

C.P.: Ich hatte von dir gehört und beschlossen, dich in Augenschein zu nehmen, als du nach Philadelphia kamst. Du hast angefangen zu sprechen, und ich war hingerissen. Die Art, wie du über Sex geredet hast, empfand ich als sehr humorvoll und spontan. Im Gegensatz dazu halte ich mich eher für eine Amazone. Mir ist klar geworden, daß du – da du dich nicht in der akademischen Welt bewegst – nicht wissen konntest, in welch einem Ausmaß die Frauenstudien von einem Feminismus beherrscht sind, der nur als sexfeindlich, irre und sektiererisch bezeichnet werden kann. Welch ein Glück, daß diese amateurhaften, inkompetenten, verbitterten und zornigen Frauen meinen Verstand nicht verbogen haben.

S.B.: Zurück zu dem Abend, an dem wir uns kennengelernt haben ...

C.P.: Die sexuelle Revolution bezieht sich nicht nur auf das, was du mit deinem Körper anstellst. Sie spielt sich auch in deinem Denken ab. In diesem Sinne empfand ich deinen Vortrag als so gelungen. Du hast eine Kaffeetasse in die Hand genommen und anhand ihrer Silhouette gezeigt, wo sich der G-Spot befindet. Ich fand das toll. Denn das Geheimnis besteht in einer parodistischen Herangehensweise. Humorlosigkeit ist ein Zeichen für Krankheit. Und der amerikanische Feminismus leidet gegenwärtig an einem Mangel an Humor in Verbindung mit sexueller Frömmelei und moralinsauren Gardinenpredigten. Ich erkannte deinen Humor und dachte mir: „Das ist es. Susie hat es drauf. Sie ist eine Künstlerin. Genau das brauchen wir dringend." Deshalb sprang ich von meinem Stuhl hoch. Du hast natürlich nicht wissen können, wer ich bin, denn ich war damals noch kaum in Erscheinung getreten – mein Buch war eben erst herausgekommen.

S.B.: Doch, ich hatte schon von dir gehört, habe mit dir in Sachen Frauenstudien aber nicht übereingestimmt. Ich wußte, was du mit der feministischen Parteilinie meintest, doch wir sind uns keineswegs einig. Als ich in Kalifornien an einem Frauenstudien-Programm teilnahm, konnte es passieren, daß ich in einem Seminar saß, das PorNo und fundamentalistisch-feministisch ausgerichtet war, und kurz darauf konnte ich auf eine andere – lesbische – Dozentin treffen, die ich als radikal-erotisch bezeichnen möchte. Auf Themen wie S/M, Butch/Femme und so weiter bin ich erstmals an der Hochschule gestoßen. Damals, als du dich als meine einzige Freundin in der akademischen Welt bezeichnet hast, dachte ich: „Falsch, bist du nicht. Es gibt eine Menge sexuell aufgeschlossener Frauen."

C.P.: Aber sie bewirken nichts! Sie sind doch nicht diejenigen, die du über Sex reden hörst, wenn du den Fernseher anstellst.

Die Geschichte mit Clarence Thomas und Anita Hill zum Beispiel, die vor kurzem über die Mattscheibe geflimmert ist: Alles, was wir serviert bekamen, waren die Predigten unglaublich sexistischer, angstbesessener Idioten. Nicht eine Stimme war zu hören, die das Recht verteidigt hätte, sexuell eindeutige Bilder – und damit meine ich Pornographie – in unseren Büros anzupinnen. Statt dessen erklärte dieses Senatskomitee es für psychotisch, wenn jemand das Wort Pornographie in einem Gespräch erwähnt. Niemand – nicht ein Mensch hat sich während der gesamten Zeit für die Pornographie eingesetzt.

In den USA wird der Mediendiskurs von Feministinnen beherrscht, die an ausgeprägter Sexphobie leiden. Ich bringe das Ganze voran, ich bin eine Pionierin, weil ich den Leuten die Freiheit gebe, laut zu sagen, was sie sonst nur hinter verschlossener Tür zu äußern wagen. Die Frauen haben sich ihre Schwäche, ihre Lähmung, ihren Rückzug aus der eigenen Kultur selbst zuzuschreiben. Es reicht einfach nicht, nur in einer Bar oder sonstwo im schwullesbischen Getto gut drauf zu sein. Der Feminismus schadet sich selbst mit seiner Prüderie.

S.B.: Wie hast du reagiert, als dir das erste Mal eine Ausgabe von *On Our Backs,* dem lesbischen Sexmagazin, in die Hände fiel? Wie ließ sich dein Bild von Lesben als trägen, wehleidigen Kreaturen mit diesen Frauen in Einklang bringen? Was hast du empfunden, als du die Zeitschrift aufschlugst und sich darin reihenweise Frauen in den Arsch fickten, mit Geschlechterrollen spielten und die schmutzigsten Ausdrücke in den Mund nahmen?

C.P.: Du mußt zuerst einmal begreifen, daß ich ein Spiel spiele. Meine Bemerkungen über Lesben sind als eine Art Guerillataktik zu verstehen. Es ist eine Kritik, die meinem eigenen Inneren entspringt, weil ich mich die meiste Zeit meines Lebens als Lesbe definiert habe. Daher müssen viele meiner Äußerungen als Satire verstanden werden. Es hat mich sehr erregt, als ich das erste Mal *On Our Backs* durchblätterte, doch gleichzeitig hielt ich es für das Abbild einer sehr kleinen Minderheitenkultur aus San Francisco, die sich nicht so einfach exportieren läßt. All diese S/M-Geschichten, zum Beispiel ... Eine Freundin – eine meiner Ex-Geliebten – kam aus San Francisco zurück, und ich fragte sie: „Sag mal, dort gibt es doch eine S/M-Szene. Das klingt aufregend. Was geht da eigentlich ab?" Total angewidert antwortete sie: „Selbst in Rüschen könnte ich besseren S/M treiben."

Wenn ich um einiges jünger wäre, würde ich auf S/M stehen. Aber als Frau, die in den fünfziger Jahren aufgewachsen ist, spielt sich S/M in meinem Kopf ab. Meine S/M-Phantasien sind so enorm, daß es mich jedesmal fast deprimiert, wenn ich sehe, wie andere Leute S/M ausleben. Ich empfinde ihre Inszenierungen als soviel harmloser als das, was ich über Jahre hinweg in meiner Phantasie ausgegoren habe, während ich frustriert war, weil ich keine fand, mit der ich meine Phantasien und Passionen hätte teilen können.

S.B.: Beschreibe mir eine deiner Sexphantasien. Erzähle mir von etwas, das körperlich unmöglich ausgeführt werden könnte, oder von etwas, das du niemals wirklich ausleben möchtest, was aber in deiner Phantasie bestens funktioniert.

C.P.: Neuerdings sind doch Leute, die sich Dildos umschnallen, im Gespräch. Wer hat das noch gleich gesagt – ich glaube, es war Madonna – „Ich steh' auf Frauen, aber im Grunde genommen will ich gefickt werden." Und im Laufe des Interviews meinte sie später: „Und was ist mit Frauen, die einen Dildo benutzen?" Die Interviewerin antwortete, da käme doch nichts bei raus. Das sollte ein Witz sein.

S.B.: Die Interviewerin war Carrie Fisher, Debbie Reynolds Tochter ...

C.P.: Und sie brach in Lachen aus. Genau das ist mein Problem mit Dildos. Sie haben etwas leicht Schäbiges an sich, obwohl sie mich andererseits sehr reizen. Wenn ich die Gelegenheit bekäme, würde ich es ausprobieren. Aber als ich jünger war, war die Entwicklung noch nicht so weit fortgeschritten, und jetzt bin ich wohl darüber hinaus. Ich würde mich ... lächerlich dabei fühlen. Wenn ich jünger wäre, könnte ich mich wahrscheinlich für eine ganze Reihe von Szenarien begeistern. Aber jetzt ist es zu spät für mich! Ich habe dieses Buch verfaßt, das meine Phantasien beinhaltet. Jetzt betrachte ich den Rest der Welt mit einer gewissen Distanz und fühle mich in gewisser Hinsicht schon jenseits von Gut und Böse.

S.B.: Du tust ja wirklich, als ob du schon alles hinter dir hättest. Solche Aussagen finde ich etwas schwer verdaulich.

C.P.: Aber es ist die Wahrheit, Susie!

S.B.: So wie du im Moment lebst, nehme ich es dir einfach nicht ab, daß du nur aus Mangel an Gelegenheit kein wildes Sexleben führst. Du mußt dir schon eine andere Ausrede einfallen lassen.

C.P.: Mag sein, denn es gibt offensichtlich immer und überall Groupies. Doch das derzeitige Begehren, das die Leute für mich empfinden, läßt nicht darauf schließen, wie mein Leben vorher aussah. Wenn ich über meine Vergangenheit nachdenke, komme ich zu dem Schluß, daß mein Grad an Intensität eigentlich als männlich zu bezeichnen ist. Meine Intensität schreckte Lesben ab. Sie konnten damit nicht umgehen. Heterofrauen hingegen, die es gewohnt sind, mit Männern umzugehen, haben mich nie als problematisch empfunden. Ich habe Jahre um Jahre gebraucht, um das zu begreifen ...

Ich weiß nur, daß es mir nie gelungen ist, einen Draht zu Lesben zu bekommen. Zugegeben, ich hatte zwar immer flotte Sprüche drauf, aber selbst wenn ich den Mund hielt, hatte ich anscheinend irgend etwas an mir, das Lesben uninteressant fanden. Männer hingegen haben sich immer für mich interessiert, doch ich habe mich stets geweigert, das ganze Spielchen des Hätschelns und Hegens mitzuspielen, dessen es bedarf, um Männer

Tag für Tag bei Laune zu halten. Was ich von Männern will, ist guter Sex – Virilität.

S.B.: Als ich die Interviews mit dir gelesen habe, habe ich mich gefragt, ob mein lesbisches Sexleben etwas mit deinen Erfahrungen gemeinsam hat. Ich hatte jahrelang Sex mit Frauen, und ich war viele Jahre lang sehr gehemmt, weil ich glaubte, daß das, was ich wollte, für eine Feministin zu anstößig sei. Ich wollte nicht „wie ein Mann sein", ich wollte kein Machtgefälle. All diese Dinge machten mir sehr zu schaffen ... heute führe ich sie allerdings auf reine Unerfahrenheit und katholische Verklemmtheit zurück.

C.P.: Ich habe gerade unter dem umgekehrten Problem gelitten, weil ich „schmutzigen" Sex mit Frauen haben wollte, ihn aber nicht gekriegt habe. Es erwies sich als ausgesprochen schwierig, Frauen zu finden, die nur Sex wollten. Meine ganze Unfähigkeit, mich auf Lesben zu beziehen, scheint auf die Tatsache zurückzuführen zu sein, daß ich nur Sex wollte und sie nicht. In der lesbischen Szene kannst du nicht einfach eine aus der Bar abschleppen. Du mußt zuerst eine Art Ringelpiez-Gruppe finden, mit der du Volleyball spielst oder irgendwas unternimmst oder zusammen rumhängst.

S.B.: Ist es nicht überall so?

C.P.: Aber nein – auf Schwulenbars trifft das ganz und gar nicht zu. Die Männer betreten die Bar als Fremde auf der Suche nach Sex, und alle finden das völlig legitim. Das war schon immer so, und genau das gefällt mir so an Männern. Sie geben noch nicht einmal vor, nach Freundschaft zu suchen. Sie geben ihr Begehren unbefangen zu.

S.B. (lacht): Hattest du jemals Sex, den du als „anonym" bezeichnen würdest?

C.P.: Ja, aber hauptsächlich mit Männern. Ich habe versucht, anonymen Sex mit Frauen zu haben, aber erfolglos. Das ist die Geschichte meines Lebens – es ist doch urkomisch. Ich glaube, mein Schicksal besteht darin, wie Coleridges Alter Seemann Buße zu tun und umherzuziehen, zu leiden und anderen zur Warnung meine Geschichte zu erzählen. Ich akzeptiere also, was geschieht. Dennoch glaube ich, daß die Liebe weiter gedeihen wird ... die Art von Liebe, die Stars immer bekommen. Das ist aber etwas anderes. Man sollte nicht erst zu internationalem Ruhm gelangen müssen, um guten Sex zu bekommen, verdammt noch mal!

S.B.: Hast du deine erste sexuelle Erfahrung mit einem Mann oder einer Frau gemacht?

C.P.: Laß mich überlegen ... sprichst du von *ganz frühen* Erfahrungen? Ich glaube, das war mit Jungen. Mädchen kamen später. Ich tendiere mittlerweile immer mehr zur Bisexualität, weil ich zu dem Schluß gekommen bin, daß Heterofrauen stärker sind als Lesben. Vor etwa einem Monat habe ich bei *Bloomingdale's* eingekauft, und dort lief mir eine unglaubliche Butch über den Weg. Ich dachte: „Schau dir diese Frau an – sie ist einfach toll! Wow!" Sie entpuppte sich als jüdische Mutter, und ich begriff, daß die Power, die sie ausstrahlte, von ihrer Kontrolle über Männer herrührte. Diese Power faszinierte mich enorm. Sie war ein vollständiges Wesen, das das Universum um sich herum unter Kontrolle hatte. Darauf stehe ich! Das macht mich an! Leider finde ich diese Stärke bei Lesben selten. Wirklich selten. Aber sag mal ... diese Frauen, die mich zu Boden werfen wollen – in welcher Ecke Amerikas leben die?

S.B. (lachend): Nenne mir eine Stadt deiner Wahl, und ich schicke dir eine vorbei. Du behauptest, daß du dich fast dein ganzes Leben als Lesbe begriffen hättest. Dennoch sparst du dir deine herbste Kritik für Lesben auf. Irgendwie verstehe ich das, weil wir die Gruppe, zu der wir uns selbst zählen, meistens am unnachsichtigsten beurteilen. Aber was hat dich ursprünglich an Frauen überhaupt angezogen? Warum hast du dich selbst als lesbisch bezeichnet, wo Lesben dich doch eigentlich krank machen, nie mit dir reden, nicht mit dir Softball spielen wollten und so weiter und so weiter ... Irgend etwas muß doch deine Leidenschaft für Frauen entzündet haben, und wir alle möchten gern wissen, was das war.

C.P.: Die ersten Frauen, von denen ich mich angezogen fühlte, waren keine Lesben. Im Prinzip war ich in die Heterofrauen dieser Welt verschossen. Und bin es noch. Der Punkt ist, daß ich mich schon als lesbisch bezeichnet habe, bevor irgend jemand anderes es tat.

S.B. (lacht): Vor Christi Geburt vermutlich ...

C.P.: Ich meine, ich wußte, daß es andere Lesben gab. Ältere Lesben, die in Bars herumhingen, und Lesben aus der Arbeiterschicht, die ich in der Innenstadt von Binghampton antraf. Auf dem College trug ich Krawatten und kurze Haare und dazu den schillernden weiß-bläulichen Lidschatten der sechziger Jahre. Ich spielte also schon früh mit Geschlechterrollen. Dafür mußte ich mir von den konservativen Knaben am College eine Menge gefallen lassen. Ich suchte nach einer Frau, mit der ich mich verstand, aber als sich die lesbische Kultur plötzlich entwickelte, stellte sie sich flugs in den Dienst der feministischen Sache, und diese feministische Sache war von Anfang an anti-Kunst, anti-Freud, anti-dies und anti-das ... und plötzlich fand ich an den Frauen, die sich Lesben nannten, nichts Anziehendes mehr.

Anfangs fuhr ich auf Diesel-Dykes der alten Schule ab. Ich fand sie toll. Ich verstand mich mit diesen Frauen; sie waren älter als ich, hingen in der Stadt herum und sahen wie Männer aus. Sie hatte Humor und neigten zum Draufgängertum. Sie zerschlugen Bierflaschen an der Tischkante und gingen damit auf andere Leute los ... Ich fand sie großartig. Das waren die Lesben, mit denen ich klarkam.

Diese neuen lesbischen Feministinnen aber waren mir fremd. Daher hatte ich meine Affären mit Frauen, die sich nicht lesbisch nannten. Es gab eine Menge heterosexueller Grenzgängerinnen. Die fanden den Weg in mein Herz und verliebten sich in mich. So entwickelten sich meine wichtigsten Beziehungen.

Die besten lesbischen Erotikszenen entdecke ich immer in heterosexuellen Zusammenhängen. Kennst du die Szene in *Der Konformist,* wo Dominique Sanda Stephanie Sandrellis Bein streichelt? Die erotische Spannung sprüht doch geradezu Funken. Ich meine, lesbischer Sex hat gewaltig nachgelassen, seit es diese absolute Trennung vom Heterosex gibt. Der Lesbensex sprüht und knistert seitdem nicht mehr und ist zu dem verkommen, was er heute ist. Ein riesiger, verschlossener Käfig, geprägt von Engstirnigkeit.

S.B.: Wie erklärst du dir, daß, wenn Männer unter sich sind, nicht dasselbe passiert?

C.P.: Sex heißt oftmals nichts anderes als Verlangen nach Nähe. Frauen verstehen sich darauf, einander nahezukommen, ohne miteinander ins Bett zu gehen. Sie verstehen einander und Menschen im allgemeinen auf einer intuitiven Ebene. Das kann zum sogenannten Verschmelzungsphänomen in lesbischen Beziehungen führen. Männern hingegen sind zu echter Nähe überhaupt nicht *fähig.* Letztendlich ist ihnen der Zugang zu ihren eigenen Gefühlen versperrt. Es gibt ein paar Ausnahmen – Künstler, einige Schwule –, aber die Mehrzahl der heterosexuellen Männer hat nicht den leisesten Schimmer, was in ihrem Gefühlsleben vor sich geht. Wenn also Männer miteinander Sex haben, drückt das ein Verlangen nach Nähe aus, das sich keinen anderen Weg bahnen kann. Ich halte nicht viel von Nähe. Ich meine, daß wir im Moment gerade zuviel davon haben.

S.B. (lachend): Camille, beklagst du wirklich einen Überfluß an Nähe in deinem Leben?

C.P.: Nein, aber ich finde, daß in der Welt zuviel Nähe herrscht. Sex ist für mich gewöhnlich dann am heißesten, wenn sich zwei Menschen noch nicht allzu vertraut sind. In dem Moment, wo du anfängst, jemanden zu kennen, gleitet alles auf die banale

Ebene ab: „Wer geht zuerst duschen?" – „Deine Mutter ist am Telefon!" – Ich bin in den fünfziger Jahren aufgewachsen. Ich habe mein ganzes Leben dem *Kampf gegen Banalitäten* gewidmet!

S.B.: Camille, wem erzählst du deine Geheimnisse?

C.P.: Wem ich meine Geheimnisse erzähle?

S.B.: Einer Frau oder einem Mann?

C.P.: Ich empfinde eine größere Nähe zu Frauen. Aber – Geheimnisse? Was für Geheimnisse? Entweder einem Schwulen oder einer Frau. Warum?

S.B.: Wir waren beim Thema Intimität. Ich kaufe dir nicht ab, daß es für dich zuviel Nähe gibt. Ich weiß, was du meinst – die Phase, wenn die Pirsch vorüber ist und du nur noch an das Fernsehprogramm denkst. Aber das ist doch nicht mit Nähe gleichzusetzen. Findest du nicht, daß intime Nähe in Verbindung mit sexueller Erregung unglaublich berauschend sein kann?

C.P.: Eine meiner Ex-Geliebten entschied sich, wieder heterosexuell zu leben. Natürlich wurde sie von den Lesben angegriffen: „Wie kannst du uns nur verraten? Du warst die beste Lesbe auf der Welt ..." Nach einigen Jahren in lesbischen Beziehungen war diese Frau es einfach leid, jeden Gedanken auszutauschen, alles miteinander zu teilen. Es war ihr einfach zuviel.

Was ich an Männern so erfrischend finde, ist, daß du ihnen nur ein bißchen die Wange tätscheln mußt und schon ziehen sie los, um den Nordpol zu erobern. Im Grunde sind sie ein bißchen absurd, doch du kriegst guten Sex von ihnen. Diese komplizierte Verschmelzung der Seelen hingegen ist nur unter Frauen möglich und erstickt letztendlich den Sex – bei mir jedenfalls. Männer und Frauen haben heißen Sex, weil sie sich niemals kennen werden. Männer können niemals diese echten Bindungen eingehen wie Frauen.

Ich habe die Nase voll von Frauen, die sich in ihre eigene Welt zurückziehen wollen. Sie sollten zur menschlichen Rasse zurückkehren und die Gesellschaft verändern, ohne ständig über den Großen Papa Patriarchat zu jammern. Das ist so simpel, so pubertär und naiv. Deshalb werde ich mit meinen Attacken fortfahren. Die amerikanische Sexualität leidet von jeher am Puritanismus. In der Lesbenszene aber klopfen sich alle selbstgefällig auf die Schulter und bauchpinseln sich gegenseitig: „Wir sind einfach grandios!" Nein, das seid ihr nicht! Vielleicht gibt es ein paar „großartige" Ausnahmen, aber ich habe sie nicht gefunden, und ich suche sie seit zwanzig verdammten Jahren! Seht euch Jodie Foster an, die große Feministin, die ständig von ihrer Kanzel predigt und salbadert. Bringt sie aber das Quentchen Mut auf, sich zu ihrer Bisexualität oder ihrem Lesbischsein oder was immer es auch sein mag, zu bekennen? Keine Courage! Wie steht es mit Lili Tomlin*, die dauernd große feministische Reden schwingt? Kein bißchen Mut! Wir müssen hier dringend etwas in Gang bringen!

S.B.: Diesen Berühmtheiten ihren Mangel an Courage vorzuwerfen ist eine Sache; alle Lesben als regressiv zu kritisieren, eine andere. Wenn du darauf bestehst, bleibt bald keine mehr, die du *als Lesbe* diffamieren kannst. Dann gibt es weder dich noch mich, und all die Frauen, die dich zu Boden werfen und ficken wollen, bis du Sternchen siehst, werden verschwunden sein. Nicht eine einzige wird übrigbleiben!

C.P.: Es gibt sie schon jetzt nicht mehr, weil sie alle zu bedauernswerten Opfern geworden sind. Mit Frauen ins Bett zu gehen finde ich großartig. Ich versuche nur, den Rahmen zu sprengen. Ich möchte, daß Lesben ihre Zeit mit Heteras verbringen, die sich männlicher Lust nicht verschließen. Ich glaube, daß Frauen von Natur aus bisexuell sind. Ich will Lesben gar nicht davon abbringen, nur mit Frauen zu schlafen. Doch ich möchte, daß sie einen Teil ihres Bewußtseins für Männer offenhalten, männ-

---

* Die Schauspielerin Lili Tomlin hatte inzwischen ihr Coming-out. Ob das ein Verdienst von Camille Paglia ist, ist uns nicht bekannt. (Anm. der Übers.)

liche Lust akzeptieren, sich von Männern anturnen lassen, ihre Körper wohlgefällig zur Kenntnis nehmen und etwas mit ihnen unternehmen. Auf diese Weise wird sich der Sex unter Frauen verschärfen.

S.B.: Ich sehe dich anders, Camille, ich habe eine andere Schublade für dich: Ich halte dich für eine „butch bottom". Ich vermute, daß dich Femmes anturnen, die unerwartet die Initiative ergreifen. Starke Männer bewunderst du, aber du kannst dich nicht in sie verlieben. Du lebst außerdem in heftiger Konkurrenz mit Lesben, die du als sehr butch einschätzt – aber nicht als so butch oder so gut wie dich selbst, was für Butches typisch ist: Sie mögen einander nicht besonders und haben nur selten Sex untereinander, und sie kämpfen um dieselben Frauen, und die meisten von ihnen sind als „butch bottoms" zu bezeichnen. Dem, was du sagst, würden sie in weiten Teilen zustimmen. Wenn du dich über die negativen Dinge ausläßt, über die Banalitäten, die uns umgeben, oder die neueste lesbische Liebesschnulze, wissen ich und alle anderen Lesben, wovon du redest ... Aber wenn du *On Our Backs* und die Szene in San Francisco als außergewöhnlich beurteilst, irrst du dich! Schon allein die Tatsache, daß über dich geredet wird und deine Aussagen in der lesbischen Welt so kontrovers diskutiert werden, hat damit zu tun, daß es Vorreiterinnen gab, die dir den Weg geebnet haben. Du kannst nur deshalb sagen: „Susie Bright und ich sind Gleichgesinnte, leben aber in verschiedenen Welten", weil du *nicht* die einzige bist. Wirklich nicht. Es gibt viele Lesben, die einige deiner Äußerungen spannend finden. Aber sie können nicht auf dich zugehen und dir die Hand schütteln, weil du ihr ganzes Umfeld niedermachst. Nenn das meinetwegen Guerillataktik, aber es gibt nicht nur Guerilla mit „ue", sondern auch mit „o".

C.P. (lachend): Ich versuche nur, in diese Festungen der Frauenstudien, des Feminismus, des lesbischen Feminismus und so weiter einzudringen – sie sind total verschanzt, und ich will sie aufsprengen. Genau das tue ich. Seither reden sogar Leute, die sich bisher nicht öffentlich blicken ließen, miteinander oder schreien mich zum ersten Mal an. Dazu kommen zweifelsohne gewisse Rachegelüste – ich bin stinksauer, weil ich die besten Jahre meines Sexlebens im Elend verbringen mußte.

S.B.: Was hat das Faß letztlich zum Überlaufen gebracht? Schließlich hat dich ja niemand in Eisen gelegt, also muß dir am lesbischen Sex ja irgend etwas gefallen haben ... Es muß doch etwas vorgefallen sein, das dir den Rest gab. Und ich möchte wissen, was es war.

C.P.: All die Jahrzehnte der Enttäuschung ... Gelegentlich war ich ja mit einer Frau zusammen, aber die meiste Zeit war ich unendlich frustriert. Ständig rannte ich irgendwo hin, um Frauen kennenzulernen, und nichts kam dabei heraus. Gar nichts! Selbst wenn ich einmal eine interessante Frau fand, stellte sich bald heraus, daß wir keinen Draht zueinander hatten. Also beschloß ich, die gegenwärtigen Strukturen zu zerstören, indem ich sie ins Lächerliche zog und Querverbindungen aufzeigte, und meinen Platz im Rampenlicht zu nutzen, um die Scheinwerfer auf Probleme zu richten, über die die Leute hinter verschlossener Tür tuscheln, die sie aber öffentlich nicht anzusprechen wagen. Im übrigen gehe ich auch in bezug auf die akademische Welt nach diesem Prinzip vor – genau so. Tatsache ist doch, wenn mein Leben so unglücklich verlaufen ist, muß es eine Menge anderer Frauen geben, denen es ebenso ergangen ist.

S.B.: Wie gefällt dir meine Einschätzung deiner Sexualität?

C.P.: Ich finde sie fabelhaft. Köstlich.

S.B.: Ach, wirklich?

C.P.: Ich bin mir nicht sicher, ob sie zutrifft, aber irgendwie hat sie etwas Befreiendes.

S.B.: Was empfindest du, wenn die Leute dich „Schwulenmutti" nennen? Regst du dich darüber auf oder lachst du und denkst, Himmel, das stimmt ja tatsächlich.

C.P.: Den Ausdruck finde ich auf jeden Fall toll. Einige meiner engsten Beziehungen hatte ich mit schwulen Männern. Ich bin von Schwulen tiefgehend beeinflußt worden – von der Art, wie sie Kunst und Ästhetik schätzen, von ihrem Interesse an Pornographie, ihrem Maß an sexuellem Begehren, ihrer elitären Einstellung ... ich glaube an das Begabtenprivileg. Ich kann die Gleichmacherei im Feminismus nicht ertragen: Laßt uns um Himmels willen bloß keine Qualitätsurteile fällen ...

S.B.: Wenn dir für eine Woche ein Schwanz wachsen würde, was würdest du damit anstellen?

C.P.: Vor zwanzig oder dreißig Jahren hätte ich gern einen gehabt. Zu der Zeit hätte ich es wohl als die Lösung all meiner Probleme angesehen, weil die Frauen, in die ich mich verliebte, üblicherweise Heteras waren. Heute empfände ich es als lästig – die ganze Zeit so ein Ding da zu tragen.

S.B.: Du hast dich zur Opferhaltung im Feminismus geäußert. Im Laufe unseres Gespräches hast du dich selbst aber hinsichtlich deines sexuellen und gesellschaftlichen Lebens als totale Verliererin dargestellt.

C.P.: Nein, als fehlangepaßt. Eine Verliererin versinkt in Depression und Passivität. Ich verstehe mich schon immer als Aktivistin. Ich war immer eine Rebellin und empfand von klein an brennende Wut. Ich meine, daß Konflikte und Auseinandersetzungen und Angst und Qual am Ende zu großen Errungenschaften führen. Für historische Persönlichkeiten, die ich bewundere, stimmt das auf jeden Fall – Menschen wie Michelangelo mit seiner inneren Zerrissenheit.

Was ich an der lesbischen Welt verabscheue, ist ihre verdammte Kuscheligkeit.

S.B.: Leben deine Eltern noch?

C.P.: Mein Vater starb Anfang dieses Jahres nach zweijähriger Krankheit. Meine Mutter lebt noch, ja.

S.B.: Was hielten oder halten die beiden von deinem Buch?

C.P.: Ich glaube nicht, daß sie es ganz gelesen haben. Mein Vater hat Auszüge gelesen. Er war Professor.

S.B.: War er von deiner Popularität überrascht?

C.P.: Popularität? So berühmt bin ich nun auch wieder nicht. Noch findest du mich nicht in jedem Haushalt. (lacht)

S.B.: In meinem schon.

C.P.: Ja, ich bin jetzt eine *Cosmo*-Größe. Vorgestern abend hatte ich in Boston eine Lesung, und eine Russin legte mir eine Zeitschrift auf den Tisch, um ihr ein Autogramm darauf zu geben. Ich bin auf der Titelseite eines russischen Magazins. Ich fragte: „Was zum Teufel ist das denn?" In der Zeitschrift war mein *Playboy*-Interview abgedruckt, illustriert mit Fotos einer Nutte aus Kiew. Ich fand das toll und dachte: „Meine Güte, die Nutten in Kiew wissen jetzt, daß ich, Camille Paglia, sie in ihrer Arbeit unterstütze! Sie hatten noch weitere Artikel über mich aus Japan, Taiwan, Holland, Brasilien, Portugal und Australien und wer weiß wo abgedruckt. Hier spielt sich ein *weltweites Phänomen* ab. Durch meine Arbeit setze ich den Gedanken der Frau als Intellektuelle wieder auf die Tagesordnung ... was will ich mehr? Ich bin eine *echte* Feministin!

S.B.: Aber es läuft doch darauf hinaus, daß jemand deine Texte liest – du schreibst zum Beispiel, daß Männlichkeit sexuelle Freiheit beinhalte und daß Frauen, die diese Freiheit für sich fordern, gewisse Risiken, etwa bei einer Verabredung vergewaltigt zu werden, in Kauf nehmen müssen – und denkt: Genau – Frauen sollten Schleier tragen. Frauen sollten nachts nicht allein ausgehen, denn sie sind nicht in der Lage, mit sexueller Freiheit umzugehen.

C.P.: Du kannst doch nicht ernsthaft behaupten, daß ich die Verantwortung dafür trage, wenn Leserinnen und Leser meine Aussagen mißinterpretieren und unausgegorene Vorstellungen über meine Person entwickeln. Ich habe die Bühne gerade erst betreten. Ich bin eine Vordenkerin. Ich habe im Augenblick weltweit die umfassendste Vision von Sexualität ... Was mich persönlich anbetrifft, fühle ich mich wie ein Sexfreak – in der Hinsicht führe ich ein eher bedauernswertes Leben. Diesen Mißstand habe ich aber kompensiert, indem ich ein vollkommen pornographisches, gewichtiges Buch verfaßt habe, das die gesamte Historie erotisiert. Und jetzt verführt dieses Buch andere Menschen! Statt meiner verführt das Buch die Menschen.

Schädlingsbekämpfung

Ich hielt mich gerade in Europa auf, als unser jüngster Richter am Obersten Gerichtshof, Clarence Thomas – damals noch Anwärter auf das Amt – der sexuellen Belästigung beschuldigt wurde. Professorin Anita Hill, die drei Jahre lang als seine Assistentin gearbeitet hatte, sagte vor dem Untersuchungsausschuß des Senats aus, ihr Chef habe sie fortgesetzt sexuell bedrängt und damit herabgewürdigt. Die Senatoren stellten daraufhin sowohl Hills Glaubwürdigkeit wie auch Thomas' Schuld in Frage, indem sie jede Behauptung von Anita Hill bis in das kleinste schmierige Detail zerpflückten.

An dem Wochenende, als Hill in den Augen der Öffentlichkeit die obszönste Aussage machte, telefonierte ich von Frankreich aus mit meiner Freundin Pat in Michigan. „Können wir nicht eine Nachrichtensperre verhängen?" fragte sie, als ich ihr erzählte, daß die Anhörung weltweit Schlagzeilen machte. „Ich kann es nicht ertragen, daß die ganze Welt diese Schlammschlacht beobachtet. Wie kann uns noch irgendwer respektieren?"

Respektieren? Die Pressemaulhelden der Welt zeigten eine gewisse Art von Respekt, egal wie geheuchelt er sein mochte. In Westeuropa wurde mit möglichst unbeteiligter Miene über die Anhörung berichtet. Dabei wurde ständig darauf angespielt, daß die Vereinigten Staaten von einer Sexpsychose besessen seien. In der Tat.

Die BBC berichtete über das Ereignis mit jener Contenance, die die Briten bei allem an den Tag legen, was mit Sex zu tun hat: „In Britain sex pests [sexuelle Belästiger] are not illegal", erinnerte der Kommentator die ZuschauerInnen und warf die Frage auf, ob das geändert werden müsse oder ob das eine Beschneidung der Persönlichkeitsrechte darstellen würde.

„Sex pests" – sexuelle Belästiger, sexuelles Ungeziefer – was für ein schönes Bild. Es erweckt den Eindruck, daß anstelle von Gesetzen lieber eine Art Insektenspray einzusetzen sei, mit dem die fiese Visage des Angreifers eingenebelt werden könnte. „Hinfort mit dir, du Landplage!" wäre beim Drücken des Sprühknopfes zu schreien, und der Grapscher würde verschwinden wie der Schimmel in der Dusche.

Diese feministische Phantasie fand allerdings in der Berichterstattung der europäischen Nachrichtenanstalten keinen Niederschlag. Ein französischer Regierungssprecher behauptete, daß dieses merkwürdige Phänomen namens sexueller Belästigung in Frankreich nicht vorkäme, denn französische Männer seien so verführerisch, daß es keiner Nötigung bedürfe. Natürlich macht gerade diese Art von Chauvinismus den Modus operandi sexueller Übergriffe aus: Er hält sich für unwiderstehlich – du findest, er ist ein komplettes Arschloch.

Sexuelle Belästigung besteht aus mehr als nur der Aufforderung zum Sex. Der Knackpunkt liegt in der Weigerung, ein Nein als Antwort zu akzeptieren. Sehen wir von dem sexuellen Aspekt ab, stellt sich der Vorgang als eine reine Frage des Einvernehmens dar, der Abwesenheit von Zwang. Und um genau diesen Punkt dreht sich die sexuelle Revolution. Kannst du tun, was dir gefällt, ohne dein Gegenüber zu unterdrücken? Über diese Frage streiten sich Feministinnen mittlerweile seit einigen Jahrzehnten, und moralische Rechtschaffenheit hat gegenüber Sexerziehung oder Toleranz oft die Oberhand gewonnen.

Wenn ich die Kontroverse um Thomas Clarence und Anita Hill unter dem Aspekt der sexuellen Freiheit betrachte, kann ich besser unterscheiden, inwieweit Amerika sich für sexuelle Diskriminierung interessiert und inwieweit für sexuelle Tabus. Das Senatskomitee befand Clarence Thomas nicht für eine „sexuelle

Landplage", mehr noch, es erklärte ihn für sexuell unbescholten – und damit für das Richteramt tauglich.

Hat er ihr nun nachgestellt oder nicht? Eine echte Auseinandersetzung mit dieser Frage fand nicht statt. Trotz aller Kreuzverhöre und ZeugInnen der Verteidigung spielt es letztlich auch gar keine Rolle, ob Anita Hill irgendwelche unlauteren Motive gehabt hat oder nicht. Jede Frau, die ihre Aussage gehört hat, wußte aus persönlicher Erfahrung genau, wovon sie sprach. Amerikanische Frauen haben die Nase gestrichen voll davon, ihre Karriere mit sexueller Ausbeutung zu bezahlen. Doch das Ende ist noch lange nicht abzusehen.

Aber ich bin kaum die einzige, die die Doppelmoral, die hier „einig für Gott und Patriarchat" am Werke ist, kritisiert. Ich finde es an dieser Stelle viel interessanter, daß Thomas vor seiner Amtsübernahme reingewaschen werden mußte. Und zwar nicht von seinem Ruf als sexueller Belästiger, sondern als afroamerikanischer Staatsbürger mit einer erwachsenen Sexualität. Er mußte für sexuell REIN erklärt werden – nicht sauber, sondern REIN. In Amerika kann ein Mann jeden x-beliebigen Job bekommen, selbst wenn er ein arrogantes Arschloch ist – auf manchen Gebieten gilt dies sogar als Qualitätsmerkmal. Aber es ist unmöglich, in den Vereinigten Staaten irgendein Amt im Rechtswesen zu übernehmen – schon gar nicht das höchste – und sich dabei als sexueller Mensch zu erkennen zu geben. Deshalb vertreten manche Leute die kluge Meinung, daß Nutten die einzigen seien, die einer ehrlichen Beschäftigung nachgingen.

Hätte Anita Hill ausgesagt, daß Thomas mit einer Schachtel Pralinen und dem unmißverständlichen Vorschlag, mit ihm ins Bett zu gehen, an sie herangetreten wäre und noch dazu angedeutet hätte, daß ihr Job von ihrer Zustimmung abhinge, hätte das eindeutig als sexuelle Belästigung gegolten. Aber eine solche Story hätte die Einschaltquoten der sonnabendlichen Sportreportagen niemals übertreffen können. Die Anhörung hätte zwar gute Chancen gehabt, sich als feministisches Diskussionsthema zu qualifizieren, aber sie hätte niemals die Schlafmützen an der Spitze der feministischen Bewegung in zähnefletschende Bulldoggen verwandelt.

Anita Hills Aussage tickte wie eine Zeitbombe, weil sie so scheußliche rassistische und sexuelle Tabus bloßlegte, die allen Beteiligten den Schweiß auf die Stirn trieb. Meine Güte, dreißig Jahre lang wurde dafür gekämpft, daß schwarze Männer nicht mehr nach der Größe ihrer Schwänze beurteilt werden. Und all das brach an einem Samstagnachmittag zusammen. Pornographische Fickfilme? War das nicht nur was für Schwule, Vergewaltiger, perverse Weiße? Hatte unsere Generalstaatsanwaltschaft es nicht zur vorrangigen Aufgabe der Polizei erklärt, genau diese Dinge auszumerzen? Hatte nicht Pee-Wee Herman, der populäre Fernsehmacher, sich so was reingezogen und war nicht dessen Karriere beim Kinderfernsehen damit zu Ende gewesen? Hat irgend jemand mal heimlich recherchiert, ob sich nicht vielleicht Pee-Wee und Richter Thomas an denselben Streifen ergötzt haben?

Jemand, die das Sexleben in diesem Land einmal vorurteilslos unter die Lupe nähme, würde die Vorlieben und Bemerkungen von Clarence Thomas absolut banal finden. Der Darsteller Long Dong Silver, dessen Name im Verlauf der Anhörung fiel, ist allen bekannt, die sich je auch nur flüchtig mit Pornos befaßt haben. Es überraschte mich wirklich kaum, als mein Kohlenhändler in dem winzigen französischen Dorf, in dem ich damals lebte (zweihundert EinwohnerInnen), mir von dem Long-Dong-Film erzählte, den er einmal gesehen hatte.

Und die Coca-Cola-Story war der Gipfel. Jede gewohnheitsmäßige amerikanische Coca-Cola-Trinkerin, an deren Aluminiumbüchse bis zum Alter von sechzig noch nie ein Schamhaar geklebt hat, muß in einem Sauerstoffzelt gelebt haben. So ist das nun mal mit Haaren. Sie schweben herum und lassen sich irgendwo nieder. Wen konnte diese Geschichte noch schockieren? Zehnjährige? Die Öffentlichkeit lachte sich kaputt, und der Staat bestand immer noch darauf, daß der König seine neuen Kleider trug.

Die Mitglieder des Senatskomitees – auf welcher Seite sie auch immer standen – zeigten weder Sinn für Humor noch Verständnis für geschichtliche Zusammenhänge. Die Frauenbewegung fand es alarmierend, daß das Komitee es versäumte, das Verhalten von Thomas vom feministischen Standpunkt aus zu betrachten – statt dessen behandelte der Untersuchungsausschuß es als unappetitlichen Einzelfall. Nein, diese Männer glauben vielmehr, Feminismus *sei* Schutz von Frauen vor solchen Widerlingen. Leider glaubt auch ein Großteil des feministischen Establishments, daß der Kern des Feminismus darin bestehe, Frauen vor unmäßigem Sex zu schützen. Hat etwa die Feministin Catherine MacKinnon Clarence Thomas im Fernsehen zugestanden, daß er sich gern stundenlang an Nacktfotos hätte erquicken können – aber bitte ohne Anita Hill mit hineinzuziehen? Nein, sie holte zum klassischen Doppelhaken aus: Männer sind böse, und Pornographie (lies das Wort, als ob du gerade erwürgt würdest) macht sie dazu. Diesen Ansatz bezeichnen manche als radikalfeministisch – ich nenne so etwas am neunzehnten Jahrhundert orientierten Protektionismus.

Wäre Clarence Thomas nämlich aufgestanden und hätte gesagt (bitte nicht lachen!): „Ich rede tierisch gern über Sex und sehe mir gern Pornos an, und Long Dong ist mein Schwanzidol, aber ich würde niemals auf das Thema zu sprechen kommen, um eine Mitarbeiterin in Verlegenheit oder Bedrängnis zu bringen" – ich hätte ihm geglaubt. Denn zuzugeben, daß er ein sexuelles Wesen ist, hätte ihm das höchstrichterliche Amt garantiert für immer verbaut. Hätte er hingegen nur zugegeben, Anita Hill belästigt zu haben, hätten sie ihm verziehen. Ihr wißt, daß ich recht habe.

Letztendlich führten der Ekel und die Scham des Senats über den sexuellen Aspekt der ganzen Angelegenheit dazu, daß sie auf die gewohnte Lösung verfielen: Sie leugneten es ab. Die Senatoren präsentierten uns Clarence Thomas und seine unglaubliche Frau mit schmerzverzerrten, verkniffenen Gesichtern, auf daß wir uns gar nicht mehr vorzustellen vermochten, wie sie es miteinander treiben, wie sie über Sex reden oder wie sie Pornos gucken. Unvorstellbar? Klar, und deine Eltern hatten auch nie Sex.

Ich erinnere bloß an die Meese-Kommission. Sie befaßte sich 1986 mit der von Hysterie geprägten Senatsanfrage bezüglich der Auswirkungen von Pornographie. Die Kommission fand zahllose Zeuginnen und Zeugen, die silhouettenhaft hinter einer Leinwand erschienen und tränenreich erzählten, wie die Lektüre von *Penthouse* bei ihnen zu Drogenkonsum, Tripper und Bulimie geführt hätte. Kaum zu glauben, daß sie noch nicht einmal eine Alibizeugin aufgetrieben hatten – meinetwegen mit einer Papiertüte über dem Kopf –, die zugegeben hätte: „Ja, mein Mann und ich haben uns *Der Teufel in Miss Jones* angesehen, und hinterher hatten wir großartigen Sex und haben uns bestens über den Wahnsinn des Katholizismus unterhalten." Die Kommission sah sich nicht in der Lage, auch nur eine Durchschnittsseele aufzutreiben, die eine eidesstattliche Erklärung dahingehend abgegeben hätte, daß sie über Jahre massenhaft Pornozeitschriften angesehen habe und daß nichts, aber auch gar nichts weiter passiert sei. Sie sei einfach in die Vorstadt gezogen und habe Aluminiumverkleidungen verkauft. Eines Tages habe sie ein Schamhaar in ihrer Cola gefunden und sich nicht erklären können, woher das kam.

Indem du zu deiner Sexualität stehst, wirst du noch lange nicht zum öffentlichen Ärgernis. Es heißt auch nicht, daß du ein Schwein bist. Es gibt tatsächlich die Möglichkeit, zu deiner Sexualität zu stehen, ohne andere damit in Bedrängnis zu bringen. Viele AmerikanerInnen jedoch sind allein schon peinlich berührt, wenn sie erfahren, daß jemand überhaupt ein Sexleben *hat*. Genau das steckt hinter dem ewigen Geschrei der Homophoben: An deinem Arbeitsplatz *wollen* sie nicht erfahren, daß du schwul oder lesbisch bist. Es auszuposaunen ist widerlich, schamlos.

Was halten Arbeiterinnen davon, daß die Kollegen ihre Schließfächer mit Abziehbildern von nackten Frauen verzieren? Liebe Abby, die Briefkastentante einer Tageszeitung, startete kürzlich eine fabelhafte Umfrage zu dem Thema. Eine Arbeiterin mag Pin-ups als ein perfektes Beispiel für sexuelle Diskriminierung nennen, aber es könnte ihr auch schlichtweg peinlich sein, unmißverständlich darauf gestoßen zu werden, daß ihre Kollegen sexuellen Gedanken über Frauen nachhängen. Sie könnte sich bedroht fühlen oder sich ärgern. Oder sie könnte es ihnen mit gleicher Münze heimzahlen und ihren eigenen Muskelprotz aufhängen. Ihre sexuelle Offenheit würde die Jungs wahrscheinlich mehr gruseln als andersrum.

Was dem Gänserich gefällt, taugt noch lange nicht für die Gans. Es ist typisch für Männer, ihre sexuellen Interessen zur Schau zu stellen, und es ist typisch für Frauen, sich dadurch herabgewürdigt und zum Objekt degradiert zu fühlen. Keine der beiden Verhaltensweisen ist „natürlich" oder besonders ehrlich. Zeigen die Bilder, die Männer aufhängen, etwa ihre geheimsten Phantasien – das, was sie wirklich aufgeilt? Die Hälfte von ihnen erträgt die Puppe auf dem Kalenderblatt doch nur wegen der Harley, auf der sie sitzt. Sehen sich Frauen solche Bilder an und denken sie darüber nach, was diese dem Besitzer bedeuten? Oder vergleichen sie sich mit Miss Schraubenschlüssel und schämen sich zu Tode? Die beste Antwort an Liebe Abby kam von einer Frau, die selbst ein Nacktfoto einer weiblichen Schönheit angepinnt und sich einen Mordsspaß daraus gemacht hatte zu beobachten, welche ihrer Kollegen es bewunderten und welche Homophobie oder Abscheu zum Ausdruck brachten.

Diese Frau bewies Courage. Sie bekannte sich nicht nur zu ihrer sexuellen Präferenz, sondern zeigte den Männern außerdem – ob bewußt oder unbewußt –, daß sie deren Präferenz erkundete. Damit lagen die nackten Tatsachen auf dem Tisch.

Frauen, ob hetero oder lesbisch, die am Arbeitsplatz zu ihrer Sexualität stehen, werden als Freiwild betrachtet, nach dem Motto: „Sie legen es ja darauf an!" Anita Hill und andere Frauen in vergleichbaren Situationen fragen sich, obwohl sie das Objekt und nicht etwa den Initiator der sexuellen Übergriffe darstellen, ob sie sich falsch verhalten haben. Wir Frauen reagieren ständig darauf, wie Männer unsere sexuelle Ausstrahlung und unser sexuelles Potential einschätzen, und doch können wir kaum je gewinnen. Wenn wir offen zu unserer Sexualität stehen – nicht als „sexuelle Landplagen", sondern als erwachsene Vollblutweiber –, riskieren wir nicht nur unseren Ausschluß von der Karriereleiter, die Clarence Thomas so fleißig erklimmt, sondern auch das bißchen Sicherheit, was wir uns schon erkämpft haben. Ein Mann, der zu seiner Lust steht, gilt als dummer, unambitionierter Draufgänger, eine lustvolle Frau dagegen als gefallenes Mädchen, als Hure. Sexuelle Frauen verlieren den Schutz, den die Doppelmoral bietet. Aber ist die Vorstellung, einen schlechten Deal aufzukündigen, so entsetzlich?

Bleibt die Frage, wo gefallene Mädchen enden. Ich fände es toll, wenn eine direkt zur Spitze vorpreschte, auf einen Stuhl im Obersten Gerichtshof. Auf irgendeine müssen wir doch vertrauen können.

Männer, die auf Lesben stehen
(die sich nicht viel aus ihnen machen)

Als Lesben in den achtziger Jahren ihre ersten eigenen Erotika produzierten, wurde in der lesbisch-feministischen Szene eine Frage ständig wieder aufgeworfen. Genauso wie damals an der High-School, wenn der Direktor die üblichen Verdächtigen in sein Büro bestellte, erhob sich die Stimme der Autorität: Sollen diese Lesbenpornos etwa auch dort vertrieben werden, wo Männer sie kaufen können?

Wie so viele Fragen, die im Dunstkreis von Sex angesiedelt sind, verrät auch diese mehr über die Fragenden selbst – also über die Lesben – als über die betreffenden Männer. Beide Bereiche sind es aber wert, eingehender betrachtet zu werden. Was kümmert es Lesben, wenn Männer Einblick in ihr Sexleben bekommen? Weshalb wollen Männer dieses Sexleben kennenlernen?

Laßt uns nicht lange um den heißen Brei herumreden, sondern gleich die *eigentliche* Frage stellen: Lesben wollen wissen, was Männer *tun,* während sie sich anschauen, wie es Lesben treiben. Greifen sie nach ihren Schwänzen, kriegen sie einen Steifen und kommen sie im hohen Bogen auf die Fotoseite? Erfinden sie zu der Story ihren eigenen Schluß, der einen Mann in den Mittelpunkt stellt? Werden sie die beiden Lesben auseinanderreißen und „ihnen geben, was sie wirklich brauchen"?

Ich habe von Männern viele Briefe und Fotos geschickt bekommen, die sich mit Lesbensex befassen. Ich erhalte Fotos von Lesben, die sie gekannt und/oder geliebt haben; Aufnahmen, die sie selbst nackt oder in Frauenkleidern zeigen; aus Pornoheften der sechziger Jahre gerissene Seiten mit Bildern von pseudo-lesbischem Sex, die die Absender mit heutigen Lesbenpornos vergleichen, sowie Kopien meiner Artikel, auf denen sie ihre liebsten Abschnitte unterstrichen haben. Die Art, wie sich diese Männer damit befassen, reicht von pornographisch und pervers bis zu sentimental. Einer schickte mir ein Plüschhäschen für meine neugeborene Tochter und ein Foto von sich in seinem französischen Kammerzofen-Outfit, was ich ganz reizend fand. Ob er wohl für mich die Bügelwäsche übernehmen könnte, bis ich wieder zu Kräften gekommen bin?

Ich glaube zu wissen, warum Lesbensex Männer so anturnt. Obwohl ihre sexuelle Reaktion tabu ist, ist sie weder monströs, wie manche Lesben meinen, noch weibisch, wie „heterosexuellere" Männer meinen. Sicherlich bin ich hier vom harten Kern angeschrieben worden, nicht von der Art Jüngelchen, die sich einmal im Jahr die Fotostory zwillingsgleicher Blondchen im *Playboy* anschaut und mit „Nette Titten!" kommentiert. Aber sogar der Mann, der sich nur beiläufig für weichgezeichnete Lesbensexfotos interessiert, zeigt Spuren der klassischen Lesben-Daddy-Persönlichkeit: des Mannes, der sich mit Lesben identifiziert.

Die meisten Männer, die auf diese Art von Erotika stehen, wollen Lesben nicht „retten"; sie wollen sie *sein*. Lesbischer Sex ist weich und glitschig und kann sich endlos hinziehen. Man(n) braucht sich keine Sorgen um einen schlaffen Schwanz zu machen, und ein Orgasmus geht in den nächsten über; manchmal schnell und wild, manchmal wie ein bloßer Hauch. Lesbische Liebe vereinigt in sich weibliche Nähe mit multiplen Orgasmen, und bei den berüchtigten Gruppensexszenen finden sich mehr schöne Titten als man(n) zählen kann. Wer möchte da nicht lesbisch sein, wenn du den ganzen Tag so nette Sachen treiben darfst?

Außerdem sind Lesben frei. In ihrer Phantasiewelt sehen sie sich als Amazonen. Sie brauchen keine Männer und lassen sich nichts gefallen. Das männliche Geschlecht verabscheuen sie – und warum auch nicht? Schließlich *sind* sie ihm überlegen. Die meisten Männer finden andere Männer ebenfalls gräßlich, also ist ihnen diese Vorstellung nicht allzu fremd. Jedesmal, wenn ich einen Brief erhalte, in dem ein Mann Lesben über den grünen Klee lobt, spüre ich förmlich, in welcher Konkurrenz er zu seinen Mitmännern steht.

Lesben-Daddies kennen sich untereinander nicht. Trotz meiner Forderung nach einem Treffen, einer Selbsterfahrungsgruppe oder einem gemeinsamen Kneipenbummel hängt ihr gesamtes Selbstverständnis davon ab, sich nicht mit ähnlich Gesinnten zu identifizieren. Wie butch von ihnen!

Mein treuester Lesben-Daddy-Brieffreund heißt Luke. Er lebt in Port Arthur, Texas, Janis Joplins Heimatstadt. Er ist fünfundsechzig. Luke hat mir aus seiner Jugendzeit erzählt, als vor der Hochzeit jede Spielart von Sex erlaubt war, außer dem Geschlechtsverkehr. Seine erste sexuelle Erfahrung bestand darin, daß er einer Frau die Finger in die Möse schob. Sie kam auf diese Weise. Bis heute zählen Fingerficks und Möselecken zu seinen Lieblingsspielen beim Sex. Koitus steht bei ihm ganz unten auf der Liste. Lukes stellvertretendes Vergnügen an den sexuellen Empfindungen einer Frau ist direkt mit seinem Schwanz verbunden. Luke ist einer jener Männer, die sagen, „Ich kann nicht vor dir kommen", und dies wirklich so meinen.

Ich hörte mir Lukes Erzählungen über seine Kindheit mitfühlend an. Die meisten von uns machen, während sie heranwachsen, sexuelle Erfahrungen, die uns für den Rest unseres Lebens begleiten. Leider gehen jedoch die Bilder von Lesben in kommerziellen Pornos nie über die Pubertät hinaus. In herkömmlichen Kommerzerotika beschränkt sich lesbischer Sex auf endlose Teeniemärchen. Er wird nie erwachsen. Manchen mag eine solche Art von lesbischer Romantik bei der Flucht vor dem tristen Alltag hilfreich sein, aber erwachsene Lesben reizt sie bestenfalls zum Lachen. Bevor Lesben anfingen, ihre eigenen Erotika zu machen, schien es überhaupt keine Bilder von Frauen über achtzehn zu geben, die Sex miteinander hatten.

Luke hat mir einige Fotos und Zeichnungen von den Lesben geschickt, für die er schwärmt. Es sind weder Teenies, noch sehen sie wie Porno-Models aus. Eine hat zerzauste Haare und trägt ein T-Shirt mit dem Aufdruck „Wir erobern uns die Nacht zurück!". Eine andere ist eher butch, mit Kurzhaarschnitt, aber ziemlich runder Figur. Beide machen den Eindruck, als ließen sie sich nicht die Butter vom Brot nehmen. Ich nehme an, es bleibt dir nichts anderes übrig, wenn du als Lesbe im ländlichen Texas leben willst.

Ab und zu hat Luke auf recht unbeholfene Weise Sex mit diesen beiden Frauen. Gelegentlich drückt er einer der beiden Geld in die Hand. Die andere ist sich wahrscheinlich Lukes phantasiebeflügelter Anbetung bewußt, weil er sich nämlich sehr lesbenuntypisch verhält: Luke gibt es nicht auf, ihr Anträge zu machen. Sie weist ihn wieder und wieder ab. Bis sie eines Tages vielleicht antwortet: „Mein Gott, ich hol' dir einen runter – als Freundin –, und damit ist die Sache erledigt!" Vielleicht möchte sie manchmal einfach auch nur gefickt werden, hat aber keine Lust auf die Nettigkeiten, die normalerweise anschließend anstehen. Lesben können sich also auch sehr „unlesbisch" verhalten – sehr ungehörig, gemessen an den frommen Moralvorstellungen der Szene, an denen sich brave Lesben zu orientieren haben. Ich kenne so viele Frauen, die Sex ohne Verpflichtungen wollen und bei sich bietender Gelegenheit zugegriffen haben, daß sie aneinandergereiht eine Kette von hier bis Sibirien bilden würden. Viele von ihnen sind der lesbischen Monogamie abtrünnig geworden.

Lukes Ehefrau ist eine Ex-Lesbe – so behauptet er jedenfalls. Sie hat mit ihm zusammen schon einige Dreier arrangiert. Ich liebe es, mir dieses Rentnerpärchen vorzustellen, wie es in einem Kombi durch die Gegend zieht. Menschen wie Luke und seine Frau werden im Rundbrief der Amerikanischen Rentnervereinigung garantiert nicht porträtiert.

Möglicherweise genieße ich das wunderliche Privileg, den äußersten Tellerrand Amerikas zu kennen, aber ich glaube, daß es ziemlich viele solche Lesben-Daddies gibt. Wenn Lesbischsein so pervers wäre (Gott gebe, daß deine Tochter nicht andersrum ist ...), warum erscheint lesbische Erotik dann als Bestandteil jeglicher Art von Kunst und Unterhaltung? Die lesbische Ästhetik in Musikvideos und Modezeitschriften – ganz zu schweigen von Vampirfilmen – stellt genau die Sinnlichkeit, die weiblichen Sehnsüchte und das Mysterium dar, die eine gewöhnliche Hetero-Lovestory nicht auszudrücken vermag. Die Liebe, deren Name besser ungenannt bleibt, preist sich lauthals an.

Warum fühlen sich also Lesben von männlicher Aufmerksamkeit unangenehm berührt? Dafür gibt es viele Gründe. Ich möchte mit dem lächerlichsten, wenngleich sehr verbreiteten zuerst aufräumen. Die sexuellen Vorlieben vieler Leute – Männer und Frauen, Homos und Heteros – fußen auf einem extremen Ekel vor Körpersäften. Lesben dieser Art flippen aus bei der Vorstellung, daß Männer Pornos mit Lesbensex in die Finger kriegen und quer über Seite 46/47 spritzen. Was diese Frauen anwidert, ist das Sperma selbst. Damit haben sie mehr mit Heteros, die es im Dunkeln treiben und sich nie lecken würden, als mit irgendeiner Tradition sapphischer Reinheit gemein. Ich war hocherfreut, als das weibliche Spritzen endlich ans Licht der Öffentlichkeit kam. Endlich, so dachte ich mir, können diese Fanatikerinnen mit Feuchtigkeitsphobie nicht mehr den heiligen Deckmantel des Feminismus über alles breiten. Denn auch Frauen netzen die Laken.

Abgesehen von der Aversion gegen warme Säfte gibt es noch weitaus kompliziertere Gründe dafür, daß Lesben es nicht mögen, wenn ihr Sexleben ins Rampenlicht gezerrt wird. Die wichtigste politische Forderung der Lesbenbewegung ist die nach Sichtbarkeit. Lesben wollen als Lesben wahrgenommen und nicht zu den Schwulen in die Homo-Ecke gedrängt werden. Aber der Großteil der lesbischen Welt ist von weiblicher Diskretion und Vorsicht beseelt und ganz und gar nicht wild darauf, Sex in die Forderung nach Sichtbarkeit einzubeziehen. Diese Frauen verbringen die Hälfte ihres lesbischen Daseins damit, ihr Privatleben vor den Augen der Öffentlichkeit zu verbergen. Der Spruch: „Wenn sie es bloß nicht so deutlich zeigen würden!" stammt vermutlich von einer Lesbe dieses Schlags. Miss Das-geht-euch-nichts-an! haßt nichts mehr als eine Darstellung ihrer Person, die den sexuellen Aspekt einbezieht. Sie fürchtet, in der wirklichen Welt an Ansehen und Glaubwürdigkeit einzubüßen, wenn sie ihr sexuelles Begehren kundtut. Wie alle Lesben verabscheut sie männliche Herablassung und zwar so sehr, daß sie sich lieber wie eine Nonne als wie ein kleines Mädchen behandeln ließe. Klar kämpft sie eher, als die Seite zu wechseln, am liebsten aber geht sie der Auseinandersetzung von vornherein aus dem Weg. Unglücklicherweise entspricht ihr Bedürfnis nach Privatsphäre und Diskretion so sehr dem mit Homosexualität verknüpften Stigma, daß ein Dasein im Verborgenen ihr als die bequemste Möglichkeit vorkommen muß.

Unzählige Lesben haben sich jedoch für ein offen lesbisches Leben entschieden, denn sie sind ungeheuer stolz auf ihre lesbische Kultur: Musik, Literatur, Festivals. Aber einige dieser ansonsten recht freimütigen Lesben meinen, daß explizit lesbische Erotika von den „hehren Zielen" des lesbischen Daseins ablenken oder dieses gar verunglimpfen. Die Angewohnheit, Kunst, Politik und romantische Liebe von Sex zu trennen, gilt sicher für mehr Menschen als nur für die lesbische Gemeinde. Sie entspringt derselben puritanischen Geisteshaltung, die den Körper vom Geist spaltet.

Ich habe mich einmal mit einer Frau gestritten, die schockiert war, *On Our Backs* im Regal einer „normalen" Buchhandlung vorzufinden. Zuerst habe ich ihr erklärt, daß Lesben durchaus in normalen Buchhandlungen zu finden seien, da sie sich ihren täglichen Kleinkram bestimmt nicht ausschließlich beim lesbischen Versorgungsamt beschaffen. Aber diese Frau wiederholte nur immer wieder, daß Männer unsere Energien abzögen, wenn sie sich lesbische Erotika kauften. Ich fragte sie, ob sie je gehört hätte, daß ein Schwuler sich seiner Kräfte beraubt fühlt, weil ein Hetero ein Schwulenmagazin liest.

„Das ist etwas anderes", entgegnete sie. „Sie sind stärker."

Da haben wir's.

Das Erscheinen lesbischer Erotika auf dem Markt liefert allen Unkenrufen zum Trotz den greifbaren Beweis, daß aufregende Veränderungen in der lesbischen Szene vor sich gehen. Dürfen Männer *das* kaufen? Ja, und Heterofrauen auch und Schwule ebenfalls, weil sie von Lesben so gar keine Ahnung haben. Lesbische Erotika können das allgemeine Wissen um Sex erweitern, denn lesbische Pionierinnen haben die Diskussion um weibliche Sexualität unendlich erweitert. Lesbische Erotika zeigen uns, wie unsere Körper aussehen, welche Bandbreite unsere Gefühle umfassen und wie wir Sex machen – in allen Einzelheiten.

Lesben sind heute in der Öffentlichkeit sichtbarer als noch vor zehn Jahren. Seit langem habe ich niemanden mehr fragen hören, was zwei Frauen im Bett bloß miteinander treiben könnten. Die Leute wissen Bescheid. Wir sind stärker geworden.

Eiertanz

1966, als ich acht Jahre alt war, gab mir meine Mutter ein rosarotes Büchlein: *Ein Baby kommt zur Welt.* Den vielen Großaufnahmen und Grafiken war genau zu entnehmen, wie Spermien und Eizellen aussehen, wie sie sich vereinigen und wie ein Fötus in den einzelnen Wachstumsstadien ausschaut.

Aber wie trafen sich Sperma und Ei überhaupt? Im Buch hieß es einfach: „Mami und Papi haben sich sehr lieb. Sie kuscheln sich aneinander, und nach dem Geschlechtsverkehr macht sich das Sperma auf den Weg, die Eizelle zu befruchten." Hierzu gab es keine Abbildung. Vermutlich habe ich damals zum allerersten Mal versucht, zwischen den Zeilen zu lesen. Doch ich fand nichts.

Fünfundzwanzig Jahre später war ich selbst schwanger und besorgte mir meine eigene Sammlung rosafarbener und hellblauer Ratgeber, die mit nützlichen Hinweisen für werdende Eltern nur so gespickt waren. Natürlich gab es reichlich Informationen über die Entwicklung des Fötus und diverse Stilltechniken. Doch ich konnte es mir nicht verkneifen, in jedem Stichwortverzeichnis nach dem Eintrag „Sex – während und nach der Schwangerschaft" zu suchen. Sämtliche Ratgeber folgten mehr oder weniger dem gleichen Muster: „Mami und Papi haben sich sehr lieb ..." In etwa dieser Tonart waren alle weiteren Ratschläge zu Sex gehalten: unklares, manchmal fast beängstigendes Geschwafel um den heißen Brei.

Zunächst einmal beruhen solche Sextips für Schwangere, egal ob sie aus Broschüren stammen oder vom peinlich berührten Arzt, auf einer groschenromanhaften Vorstellung von der Ehe und gehen kaum auf die dramatischen körperlichen Veränderungen und Gelüste einer Schwangeren ein. Sie widmen sich jedoch ausführlich dem Thema, wie mit den zwiespältigen Gefühlen, die der Ehemann gegenüber dem sich verändernden Körper seiner Frau empfindet, umzugehen sei und welches Hindernis die Schwangerschaft für die üblichen Sexgewohnheiten darstelle.

Keines jener Bücher stammte etwa aus den sechziger Jahren. Nein, es wimmelte nur so von feministischen und ganzheitlichen Ansätzen zum Thema Mutterschaft. Sie nahmen Bezug auf berufstätige Mütter, widerlegten die sexistischen Vorurteile gegen das Stillen und boten alle möglichen Wege an, zu einer positiven Selbsteinschätzung als werdender Mutter zu finden. Ich begann mich zu fragen, ob eigentlich irgend jemand *wußte*, was während der Schwangerschaft mit dem Sexleben einer Frau geschieht. Die mit Abstand deutlichste Aussage in all diesen Büchern lautete sinngemäß etwa: „Manchmal ist sie geil auf Sex, manchmal aber auch nicht." Nun, es wäre nicht das erste Mal, daß die traditionelle Medizin nichts zum Verständnis weiblicher Sexualität beizutragen wüßte.

Mittlerweile begann meine Klit zu wachsen. Es ist allgemein bekannt, daß Bauch und Brüste einer Schwangeren größer werden. Warum hatte mir niemand erzählt, daß meine Genitalien auch wachsen würden? Meine Möse schwoll mit zunehmender Durchblutung an, meine Lippen wurden dicker, meine Klit lugte ein Stück unter ihrer Kapuze hervor. Zu diesem Zeitpunkt verschlang ich absolut alles, was zum Thema Schwangerschaftssex auszugraben war, und indem ich Bruchstücke sachdienlicher Hinweise zusammensetzte, erfuhr ich, daß ich hinsichtlich dieser Vorgänge kein Einzelfall war.

Ich fand es ein bißchen peinlich, erst mit dreiunddreißig Jahren zu begreifen, daß meine primären und sekundären Geschlechtsmerkmale nicht bloß der Schau dienten oder zum

Streicheln da waren. Das in mir heranwachsende Leben beherrschte mein physisches und psychisches Befinden, und ich schwankte zwischen Davonlaufen und Hingabe. Ich fühlte mich außergewöhnlich sinnlich und sexbedürftig, und doch konnte ich ab der zwanzigsten Woche meiner Schwangerschaft nicht mehr so erfolgreich masturbieren, wie ich es seit meiner Kindheit gewohnt war. Dies versetzte mich gleichermaßen in Erstaunen wie in Panik. Meine pralle Klit fühlte sich unter meinen Fingern anders an – zu empfindlich, um sie in der gewohnten Weise zu berühren. Aber welche anderen Möglichkeiten gab es?

In diesem Moment fiel es mir wie Schuppen von den Augen. Sämtliche Fachleute rätseln, warum einige Frauen während der Schwangerschaft geiler werden, während andere ihr Interesse am Sex zu verlieren scheinen. Ich sage euch: Keiner Frau vergeht die Lust – nur die üblichen Sexpraktiken gehen nicht mehr so leicht von der Hand. Wenn ihr und eure Geliebten es nicht schafft, euch neue Wege der Erregung und Stimulierung zu eröffnen, dann werdet ihr in Sachen Sex allmählich frustriert und laßt es schließlich ganz bleiben.

Doch neue Techniken reichen nicht aus. Für eine schwangere Frau ist es unentbehrlich, sich begehrenswert *und* beschützt zu fühlen. Wenn sie von außen keine Geborgenheit vermittelt bekommt, wird sie undurchdringliche Mauern um sich errichten.

Ich halte es inzwischen für einen Mythos, daß manche Frauen während dieser neun langen Monate keine Lust auf Sex haben sollen. Einige empfinden die sexuellen Veränderungen, die ihr wachsender Körper fordert, als bedrohlich, aber viele andere Frauen, die ich befragt habe, gestanden mir: „Ich war so geil, aber ich konnte es einfach niemandem sagen."

Es ist eine erschreckende Glanzleistung des amerikanischen Puritanismus, uns eingeredet zu haben, daß Schwangerschaft und Sex einander ausschließen – die krasseste Ausprägung der Trennung zwischen Hure und Jungfrau. Bitte erwähne während jener neun Monate niemals, wie es dazu kam – dein Name sei Maria.

Marias durchschnittliche körperliche Veränderungen aber haben nur wenig mit der unberührten Empfängnis gemein. Die Möse einer Frau verwandelt sich während der Schwangerschaft, ihr Inneres ebenso wie die Mösenlippen und die Klit. Sie wird feuchter, Geruch und Beschaffenheit des Mösensaftes ändern sich. Wenn sich eine schwangerschaftstypische Hefepilzinfektion einstellt, riecht frau wie ein riesiges Plätzchen.

Als ich während meiner Schwangerschaft gefickt wurde, fühlte ich mich wie ein Karamelbonbon. Ich verhielt mich passiver als je zuvor, verspürte weder die Absicht, mir einen umzuschnallen, noch obenauf zu sein – ich wollte gar nichts weiter tun, als alles in mich aufzunehmen und zu schweben. Ich kam mir vor wie ein riesiger Eierwärmer.

Genaugenommen bekommst du frühestens nach fünf, sechs Monaten einen gigantischen Bauch. Während die Ratgeber für Schwangere sich über die Vor- und Nachteile verschiedener Stellungen beim Sex streiten, befand ich das Problem für gar nicht sehr groß. Gängige Sexratgeber konzentrieren sich auf „Positionen" und geben sich damit einen „sportlichen" Anstrich, den ich für typisch männlich halte. Du kannst zum Beispiel ziemlich lange auf dem Rücken liegend ficken, solange dein/e Partner/in nicht darauf besteht, auf dir zusammenzubrechen. Flach auf dem Bauch zu liegen erübrigt sich natürlich nach etwa sechs Monaten, aber leicht auf die Seite gedreht, geht es ausgezeichnet. Oft wird vorgeschlagen, daß sich die Frau „nach oben" begeben soll, aber ich konnte mich, wie gesagt, nicht dazu durchringen.

Sex trägt auch entscheidend zur Geburtsvorbereitung bei. Stell dir vor, daß du mit der Geburt den größten Sexakt deines Lebens vor dir hast, und alles weitere ergibt sich von da an von selbst. Wenn du so schlau bist, an einer Geburtsvorbereitungsgruppe teilzunehmen, triffst du möglicherweise auch auf eine Kursleiterin, die dir etwas über die erotische Seite der Geburt erzählen kann.

Meine Kursleiterin behandelte das Thema auf eher subtile Weise. Im vierten Monat verteilte sie eine fast unleserliche Kopie mit einer Anleitung für eine Übung namens „Damm-Massage". Ich dachte über meinen Damm nach, dieses kleine Stück Haut zwischen Möse und Arsch und fragte mich, was es mir bringen sollte, eine Fläche von der Größe eines Fingernagels zu reiben.

In dem Faltblatt (welches natürlich mit dem üblichen Schmonzes begann: „Mami und Papi haben sich sehr lieb ...") wurde erklärt, daß Papi die Öffnung der Vagina mit den Fingern massieren und damit die Muskeln veranlassen sollte, sich zu entspannen, bis er einen Finger nach dem anderen und schließlich eine Orange oder gar seine ganze Hand in Muttis Öffnung drücken könnte.

Seine ganze Hand! Ich rief eine meiner Freundinnen an, die als Mutter zweier Kinder und ehemaliger Pornostar ein breites Erfahrungsspektrum besaß, und fragte sie: „Ist Damm-Massage das gleiche wie ein Faustfick?"

„Natürlich", antwortete sie lachend, „und es hilft wirklich."

Es leuchtete mir sofort ein. Eine Hand, die sich in meine Möse schiebt, entspricht in etwa dem Kopf eines Babys, der sich ans Licht der Welt zu drängen versucht. Wie aufregend! Zum ersten Mal erlebte ich eine Woge der Zuversicht, daß die Geburt erfolgreich zu bewältigen wäre. Da ich faustficken schon geübt hatte, war ich schließlich in bester Form für die „echte" Sache.

Nicht in jedem Krankenhaus oder Geburtsvorbereitungskurs wird die Damm-Massage erwähnt. Die meisten Paare und BeraterInnen denken nicht über Schwanz-Mösen-Sex hinaus. Es bedarf wohl einer anderen Art von Orientierung, um sich den Möglichkeiten zu widmen, die Finger und Hände bieten. Doch ein wenig Ermunterung und ein Faltblatt mit klaren Worten und

Bildern würde bestimmt dazu beitragen, daß viel mehr Frauen das Gefühl tiefer Entspannung und Verletzlichkeit genössen, das beim Faustfick oder auch – falls euch das besser gefällt – „Orangen-Fick" aufkommt.

Ich nervte meine Kursleiterin drei Wochen lang mit der Frage, ob sie glaube, daß Vibrieren während der Wehen die Schmerzen lindern könnte. Jedesmal vertröstete sie mich auf die nächste Woche. Statt dessen empfahl sie eine Reihe anderer Ablenkungsmanöver und Übungen: oft auf die Toilette zu gehen, die Lage zu verändern, ein Bad zu nehmen, die Aufmerksamkeit auf einen bestimmten Gegenstand zu richten und so weiter. Ich beschloß also ganz allein, daß ich mich auf meinen Zauberstab konzentrieren würde. Ich konnte mir vorstellen, daß das Vibrieren an meiner Klit einen netten Ausgleich zu den Kontraktionen in meinem Bauch bilden könnte.

Es gibt ein tolles Foto von mir im Kreißsaal: Meine Möse ist sechs Zentimeter weit geöffnet, und ich liege mit seligem Gesichtsausdruck da, während ich den Vibrator an meinen Venushügel halte. Ich dachte nicht daran zu kommen, aber der köstliche Rhythmus an meiner Klit legte sich wie dicker Zuckerguß über die tiefen, schweren Kontraktionen in meinem Bauch. Zu diesem Zeitpunkt hätte es mich zu sehr angestrengt und abgelenkt, mich mit den Fingern zu streicheln, und das elektrische Kabel war nur eines von etwa zehn, die die ÄrztInnen um mein Bett drapiert hatten. Wegen der ungewöhnlichen Lage meines Babys endete die komplizierte Geburt schließlich mit einem Kaiserschnitt. Aber ich hatte wunderbare Wehen genossen.

Meine Freundin Barbara gestand mir nach der Geburt ihres ersten Kindes, daß sie noch nie in ihrem ganzen Leben so geil gewesen sei. Als der Kopf des Babys zum Vorschein gekommen sei, habe sie ihren Mann wieder und wieder angefleht: „Ich will kommen, faß mich an, bitte, faß mich an!" – und er habe sie für hysterisch gehalten!

Es ist uns völlig fremd, das Gebären eines Kindes als sexuelles Erlebnis zu betrachten. Viele von uns stellen es sich eher als eine todesnahe Erfahrung vor – mir zumindest ging es so.

In den benachbarten Räumen im Krankenhaus hörte ich Frauen schreien. Ich wußte, daß diese Schreie nicht allein in Schmerz begründet waren, sondern in wilder panischer Angst. Es versetzt dich in Angst und Schrecken, wenn du nicht weißt, was dein Körper tut und wenn deine Sexualität von diesem unglaublichen Vorgang abgekoppelt ist. Angst vergrößert den Schmerz und verringert dein Durchhaltevermögen.

In der Woche, als ich meine Tochter zur Welt brachte, überschwemmte eine regelrechte Geburtenflut die städtischen Krankenhäuser. Seit dem großen Erdbeben in San Francisco waren etwa neun Monate vergangen. Anscheinend hatten sich viele diese ansonsten ernüchternde Zeit zu Hause auf fruchtbare Weise vertrieben. Den anderen Frauen, die während der vierundzwanzig Stunden, die ich im Krankenhaus verbrachte, ihre Kinder bekamen, schienen ihre Ehemänner nicht beizustehen. Ich konnte mir ihre Lebensgeschichten leicht vorstellen: Sie lebten allein oder lesbisch; ihre Männer wollten sie nicht sehen, hatten sie während der Schwangerschaft verlassen oder dienten weit weg in der Armee.

Ich fand nicht ein Buch über Elternschaft, das auf eine dieser Lebensweisen einging, obwohl sie so verbreitet sind wie die Empfängnis selbst. Das brüchige Märchen „Mami und Papi haben sich sehr lieb ..." macht nur insofern Sinn, als werdende Mütter geliebt und gehegt werden müssen. Denn sie werden in einem ungeahnten Maße geben müssen. Wenn eine werdende Mutter während der neun Monate keine Zärtlichkeit und Leidenschaft erfährt, wird die Bitterkeit, die sie empfindet, auch nach der Geburt nicht verschwinden – und ihre Kinder werden es garantiert zu spüren kriegen. Vielleicht kann ich ja Menschen, die beruflich mit werdenden Müttern zu tun haben, davon überzeugen, daß Werbung für guten Schwangerschaftssex ein Schlüssel zu psychisch gesunden Kindern ist.

Nach der Geburt instruiert dich deine Ärztin oder dein Arzt, daß du die nächsten sechs Wochen „enthaltsam" sein sollst. Wir alle kennen die Frau, die gesagt haben soll: „Und wenn ich die nächsten sechs Jahre keinen Sex habe, ist mir das auch egal." Aber wenn ihre Möse wund ist, warum sollte sie es nicht genießen, geleckt zu werden? Ihre Brüste beginnen, die Vormilch abzugeben und jemand, die/der etwas davon versteht, sollte an ihnen saugen. Denn Babies kriegen den Dreh nicht unbedingt sofort raus und wollen schon gar nicht auf Muttis Befehl.

In Wirklichkeit ist diese Sechs-Wochen-Regel rein willkürlich. Sie beruht auf der Angst vor einer Infektion durch das Eindringen eines Schwanzes. Sex ist aber mehr, als bloß Sperma in die Möse zu spritzen. Was soll nach Ablauf der sechs Wochen schon Magisches passieren? Muttermund und Möse befinden sich nicht bei jeder Frau in demselben Zustand. Aufgrund meines Kaiserschnitts hatte ich zum Beispiel nie eine volle Vaginalgeburt durchgemacht. Ohne genau zu wissen, welches Risiko ich einging – aber ich bin mir ganz sicher, daß auch der Arzt nicht wußte, wovon er redete –, verließ ich das Krankenhaus und hatte sechs Tage nach der Geburt meiner Tochter wieder Sex.

Ich habe mich mit vielen Frauen unterhalten, die ähnliches zugaben. „Mein Mann und ich hatten uns so lange auf unser Kind gefreut", sagte meine Hebamme, die mit über Vierzig ein Kind bekam, „daß wir sofort intim miteinander werden wollten." Es gefiel mir, daß sie die Wendung „intim werden" benutzte, denn ich glaube nicht, daß du einfach nicht an dich halten kannst und es gleich wild treiben mußt, nachdem das Kind geboren ist. Du sehnst dich eher nach Nähe, möchtest entspannen und feiern, was dir während der Wehen nicht unbedingt möglich war.

Meine Hebamme erzählte mir auch, daß sie begonnen hätte, ihre Klientinnen zu fragen, wann sie nach der Geburt wieder Sex gehabt hätten. Viele hätten sich nicht an die Sechs-Wochen-Regel gehalten. Außerdem hätten die Frauen, die relativ früh wieder Sex hatten, auch schneller wieder angefangen zu menstruieren. Diese kleine Auskunft einer Fachfrau – die normalerweise solche Dinge nicht ausplaudert – verwies mich einmal mehr darauf, wie wenig wir wissen, nur weil Informationen tabuisiert und nicht ausgetauscht werden.

Ein Kind zu stillen bildet eine weitere Quelle emotionalen Chaos sowohl in bezug auf erotische wie auf andere Empfindungen. Während die eine Frau sich vor Schmerzen windet, weil ihre wunden Nipples bluten, kriegt die andere einen Orgasmus, wenn ihr Baby saugt. Auch in dieser Hinsicht gilt, daß ein offener Austausch über diese Dinge viele schmerzhafte Erfahrungen verhindern könnte. Schließlich ist in der Kunst des Stillens noch keine Meisterin vom Himmel gefallen, und es hilft enorm, wenn dir jemand erklärt, wie du es dir möglichst angenehm machen kannst.

Mir reichte es vollkommen, mein Baby einigermaßen gekonnt zu stillen. Erotische Gefühle kamen mir eher, als meine Brüste in anderen Situationen auf sich aufmerksam machten. Sexuelle Erregung läßt während der Stillzeit Milch aus deinen Brüsten austreten – noch eine wichtige Information, die in den Elternratgebern fehlt. Zwar habe ich schon zahlreiche Vorträge über G-Spot-Orgasmen gehalten, aber ich selbst habe beim Sex noch nie um mich gesprüht. Anfangs wurde mir ganz schwindlig – erst vor Peinlichkeit, dann vor Erregung. Mein Leben lang hatte ich zu der Sorte Frauen gehört, die ihre Orgasmen verbergen können. Ich konnte kommen, ohne laut zu schreien, konnte mich gewissermaßen heranpirschen. Daß sich meine Nipples jetzt nicht nur versteiften, wenn ich erregt war, sondern kleine Milchfontänen verströmten, schien mir für meine Person ungewöhnlich indiskret. Aber ich genoß es, die Milch auf der Brust meiner Geliebten zu verreiben oder auf meiner eigenen. Ich empfand es als eine weibliche Variante von Manneskraft – jetzt produzierte ich den größten feuchten Fleck. Genau das gegenteilige Gefühl rief bei mir die elektrische Milchpumpe hervor: Ich kam mir vor wie eine Milchkuh – effektiv gemolken, aber total unerotisch.

Der Fairneß halber möchte ich meinen Diskurs über die erotischen Dispositionen während der Schwangerschaft nicht abschließen, ohne darauf zu sprechen zu kommen, wie sich die sexuellen Phantasien in dieser Zeit verändern können. Oft scheinen unsere Phantasien in sehr jungen Jahren wie in Stein gemeißelt worden zu sein, so daß sie sich im Erwachsenenalter dann nur mühsam verändern. Mit der Schwangerschaft erlebt eine Frau aber den zweiten riesigen Hormonschub nach der Pubertät, und was ihr beim Orgasmus in den Kopf kommt, mag sie völlig überraschen. Ich jedenfalls fand es verblüffend.

Im nachhinein erkenne ich, daß mein Phantasieleben während der Schwangerschaft eine läuternde Wirkung hatte. In bezug auf das Kinderkriegen plagte mich nämlich neben der Angst, im Kindbett zu sterben, noch eine weitere riesige, irrationale Furcht: Gesetzt den Fall, ich brächte einen Jungen zur Welt, wüßte ich nicht, wie ich ihn erziehen sollte. Ich würde mich als komplette Versagerin entpuppen – ob ich ihm nun beibringen sollte, wie er die Toilette benutzt oder wie man einen Drachen steigen läßt. Abgesehen von armseligen Stereotypen hatte ich keine Ahnung, wie kleine Jungs überhaupt sind. Ich selbst habe keine Brüder, wuchs bei meiner Mama auf und trug schon immer lieber Kleider.

Ich lebte zwar allein, unterhielt mich aber während der Schwangerschaft und auch danach häufig mit dem Vater meines Kindes. Er fürchtete, daß ich mir für das Baby schon den politisch korrekten Kleidungsstil ausgedacht hätte. „Wenn es ein Mädchen wird, muß sie garantiert dauernd Hosen tragen", sagte er und schmollte.

„Keineswegs", entgegnete ich und dachte dabei an die Art von Kleider, von denen ich früher immer geträumt hatte. „Wenn es ein Mädchen wird, sorge ich dafür, daß ihre Kleidchen vor Spitzen, Volants und Puffärmeln nur so überquellen."

„Und wenn es ein Junge wird ...", begann der werdende Vater.

„... wird er schnuckelige Kleidchen mit Spitzen, Volants und Puffärmeln kriegen", vollendete ich.

Doch unter solchen Scherzen verbarg ich nur meine Unsicherheit. Ich hatte wirklich nicht die geringste Ahnung, was kleine Jungs tragen sollten.

Eines Abends hatte ich Sex mit meinem Freund John und stellte mir dabei vor, er sei mein Sohn. Ich kam wie eine Rakete und brachte es wochenlang nicht über mich, ihm davon zu erzählen. Doch die ganze Zeit über wollte dieses Bild in meinem Kopf nicht verblassen. Ich erinnerte mich an einen ziemlich miesen Pornofilm, den ich mir Jahre zuvor einmal angesehen hatte. In diesem Porno mit dem Titel *Taboo* hat der Sohn der wunderschönen Kay Parker (in Wirklichkeit ein erwachsener Schauspieler namens Mike Ranger) einzig und allein Augen für seine Mutter. Als ich den Film damals sah, vermochte er mich nicht im mindesten zu erregen. Doch jetzt brauchte ich nur an diese Szene zu denken und wurde sofort geil. Ich konnte plötzlich weder masturbieren noch Sex mit jemand anders haben (egal ob Mann oder Frau), ohne mir in meiner Phantasie diese inzestuöse Begegnung zusammenzubrauen.

Zur selben Zeit fiel mir auf, daß ich in meiner Vorstellung und in Gesprächen mit FreundInnen und Familie viel lockerer mit der Möglichkeit umging, einen Sohn zu kriegen. Ich wußte immer noch nicht, welches Geschlecht mein Kind haben würde und hatte im Gegensatz zu vielen anderen werdenden Müttern auch kein Interesse daran, es zu erfahren. Ich begann auf der Straße Mütter mit ihren Söhnen wahrzunehmen, und statt in Panik zu geraten, lächelte ich sie an. Jemand schenkte mir ein

Buch darüber, wie aus mir ein guter „Papa" werden konnte, mit allen möglichen Ideen zu Butch-Spielchen wie etwa Steine übers Wasser hüpfen lassen und Ballwerfen. Ich verschlang es und amüsierte mich köstlich. Ich fragte all meine FreundInnen, ob ihre Väter ihnen solche Sachen beigebracht hätten. Die Auskünfte warfen viel Licht auf unsere unterschiedlichen Auffassungen von Geschlechterrollen.

Als das ÄrztInnenteam schließlich Aretha aus meinem Bauch zog, strahlten sie vor Freude. „Es ist ein Mädchen!" rief jemand. Ich fühlte mich entsetzlich schwach von der Narkose, aber ein kleines warmes Gefühl machte sich in mir breit, und ich vergoß Tränen der Erleichterung. Ich war so froh, eine Tochter bekommen zu haben.

Als ich nach Hause zurückkehrte und zum ersten Mal Gelegenheit hatte zu phantasieren (Schlafentzug ist dem doch sehr abträglich), konnte ich mir meinen Phantasie-Sohn um nichts in der Welt mehr vor Augen rufen! Er hatte sich davongemacht. Meine Inzestphantasie hatte meine Angst davor, einen Sohn zu kriegen, zum Ausdruck gebracht. Als die Möglichkeit ausschied, verlor auch diese Phantasie ihre Zauberkraft. Ich weiß nicht, was mit dieser Phantasie passiert wäre, wenn ich tatsächlich einen Sohn zur Welt gebracht hätte. Vermutlich wäre ich – genau wie nach Arethas Geburt – zu neuen angstbesetzten Themen vorgestoßen, die sich zu frischem erotischem Brennstoff entwickelt hätten.

Im Moment phantasiere ich schon wieder davon, schwanger zu sein, und das nenne ich echt abartig. In Wirklichkeit steht mir nicht im mindesten der Sinn danach, mich einen Monat von nichts als trockenen Keksen zu ernähren und das kommende halbe Jahr alle zehn Minuten aufs Klo spurten zu müssen. Aber ich hege glühende Erinnerungen an die sexuellen Entdeckungen, die ich während meiner Schwangerschaft gemacht habe, und ich bin den Menschen, die mich rundherum mit Sex und

Liebe und neugierigem Interesse unterstützt haben, äußerst dankbar. Wenn nur alles so angenehm ablaufen könnte ... vielleicht möchte ich ja doch noch eins, sage ich mir selbst – wenn meine Tochter alt genug ist, Windeln zu wechseln.

Ja sagen und ja meinen

Es ist mir nur selten vergönnt, im Süden der USA Vorträge zu halten. Als mich eine Studentin namens Karen einlud, an ihrer Südstaaten-Universität vor Lesben und Schwulen zu sprechen, reizte mich das demzufolge über alle Maßen.

„Wie viele Mitglieder hat die Schwullesbische Studentenvereinigung?" fragte ich sie.

„Also im Prinzip besteht die Gruppe aus mir", antwortete sie. „Es werden bestimmt massenhaft Leute zu deinem Vortrag erscheinen, aber die meisten hier leben nicht offen lesbisch oder schwul."

„Gibt es außer dir noch jemanden?"

Sie überlegte einen Moment. „Nein."

Das Flugblatt in leuchtendem Pink, das meinen Vortrag ankündigte, wies mit keiner Silbe auf etwas „Lesbisches" oder „Schwules" hin.

„Wenn ich ,schwullesbisch' draufschreibe, werden sich weder Lesben noch Schwule blicken lassen", erklärte Karen.

Ich fragte mich, wie denn irgend jemand ahnen sollte, worum es in meinem Vortrag gehen würde.

„Woher wissen sie, daß ich nicht über chinesische Kochkunst reden werde?" fragte ich Karen.

Sie lachte angesichts meiner Befürchtungen und meinte: „Mach dir keine Sorgen, der Saal wird aus allen Nähten platzen."

Sie behielt recht. Jede, aber auch jede Lesbe im Umkreis von zweihundert Kilometern hatte über Mundpropaganda von meinem Vortrag erfahren und war gekommen – plus eine ganze

Menge unkonventioneller Heteros. Ich hatte seit Jahren vor keiner so warmherzigen, familiären Unigruppe gesprochen. Die Stimmung an Yankee-Hochschulen ist völlig anders. Die typische, offensiv auftretende Ivy-League-Lesbe im Nordosten haßt alle anderen Schwulen und Lesben auf dem Campus – außer ihrer Freundin, und die beiden langweilen sich so entsetzlich bei all den Debatten über Porno und Faustficktechniken, daß das Aufregendste, was sie im letzten Jahr zustande gebracht haben, ein großes Gähnen war.

Ein lesbisches Paar sprach mich nach meinem Vortrag an. Die Wangen der beiden schimmerten so rosig wie mein Gesichtspuder, und ihr Haar glänzte honigblond. „Sie gehören der episkopalischen Kirche an", informierte mich Karen später, was auch immer das heißen mochte. Meine Mutter hatte mir immer erzählt, daß EpiskopalistInnen die besseren KatholikInnen waren. Hier im Süden wagte ich daran zu zweifeln. Die ZuhörerInnen, so liberal und schwullesbisch sie auch sein mochten, gehörten überwiegend einer Kirche an, nicht nur jenes Paar, das mich angesprochen hatte.

Elise, die größere der beiden, machte mich mit ihrer Liebsten bekannt: „Mary wurde während deines Vortrags von einer Vision heimgesucht." Das klang nicht sehr episkopalisch. Marys Augen leuchteten, und ihr Kopf nickte Zustimmung. Ich trat einen Schritt zurück, um mich gegen einen Klappstuhl zu stützen, und nickte ihr aufmunternd zu, als bekäme ich derlei Dinge täglich zu hören.

„Diese Vision war schon ihre dritte", erklärte Elise. „Die ersten beiden Male erschien ihr das Gesicht Jesu – erst hier zu Hause und später in Lourdes. Diesmal aber war es etwas anderes."

Endlich fing Mary selbst an zu sprechen: „Mitten in deinem Vortrag – es war alles so spannend … ich weiß nicht mehr genau, an welcher Stelle – nahm ich plötzlich etwas Helles, Strahlendes über deiner rechten Schulter wahr. Als ich genauer hinsah, erkannte ich, daß es ein Kreuz war, ein reichverziertes weißes Kreuz, das zunehmend leuchtete. Ich versuchte, intensiv hinzusehen, um das Muster zu erkennen, aber es leuchtete immer heller, bis es schließlich verschwand."

Die Frau sprach sehr artikuliert, und ihr Blick wich meinem um keinen Millimeter aus.

„Und was denkst du hat das zu bedeuten?" fragte ich sie.

„Zuerst habe ich geglaubt, es hieße, daß du unter göttlichem Schutz stehst. Aber dann fiel mir ein, daß es auch bedeuten könnte, daß du eine Märtyrerin bist."

Angesichts ihrer zweiten Interpretation verzog ich das Gesicht.

„Und wie denkst du darüber?" fragte Mary.

„Ich weiß nicht recht", antwortete ich. „Ich glaube eigentlich nicht an Visionen, aber mir gefällt die Vorstellung, beschützt zu werden – besonders hier. Mein Vortrag muß dich sehr berührt haben, wenn dir so etwas widerfahren ist. Ich verstehe das zumindest als großes Kompliment ... " Ich verlor mich in Gedanken. Nach meiner Rückkehr von dieser Vortragsreise standen mir einige schwierige Entscheidungen bevor. Aber wenn ein weißes Kreuz auf meiner Schulter erstrahlte, würde ich meine Drachen vielleicht mit links besiegen können. Ich machte mir die Erscheinung zu eigen wie einen Talisman, eine kugelsichere Weste für die Psyche.

Nach dem Vortrag machten sich einige von uns auf zur einzigen schwullesbischen Bar der Stadt – nein, wohl eher der einzigen im ganzen Staat. Sie befand sich in einer riesigen Lagerhalle, ohne Fenster, ohne Belüftung, umgeben von einem riesigen matschigen Parkplatz. Das beliebteste Automodell schien der Ford LTD zu sein. „Das versetzt mich zurück in alte Zeiten", schrie ich aus dem Autofenster. Ich hätte nie geglaubt, daß ich von Nostalgie ergriffen an die Bars im Kalifornien vergangener

Tage zurückdenken könnte, wo sich Lesben und Schwule, Schwulenhasser und Bullen auf ein- und demselben Parkplatz zusammenrotteten, um ihre Händel auszutragen.

Der Bartender war der schnuckeligste Knabe der ganzen Tränke. „Er ist hetero", stöhnte einer meiner Begleiter, und mir schoß es durch den Kopf, daß das Szenario, welches sich hier entwickelte, aus einem Sammelalbum hätte stammen können. „Klar ist er hetero. Schließlich haltet ihr euch genau an die Spielregeln."

Die attraktivsten Mädels entpuppten sich als Jungs, die in ihren Fummeln zusammen an einem der etwa zwölf langen Holztische saßen. Über der winzigen Tanzfläche glitzerte eine überdimensionale Discokugel. Die DJ wechselte zwischen Disco- und Countryhits hin und her, und meine Zehen begannen zu zucken. Ja, vielleicht würde eine entzückende Butch hier hereinfegen und mit mir ins Land der Honigzungen tanzen. Meine Augen wanderten zu den leuchtend roten Krallen, die nebenan auf den Tisch pochten. Falls auch nur ein Hauch von einer Butch hier auftauchte, würde ich sie innerhalb von zwei Minuten an die Tunten verlieren.

Ich blinzelte etwas angestrengter durch den Rauch in Richtung Tanzfläche, um herauszufinden, ob ich mich auch nicht verzählt hatte. Sämtliche Männerpaare dort swingten und walzten in profihafter Vollendung. Die vier Frauenpaare hingegen, die ich ausmachen konnte, waren entweder damit beschäftigt, sich aneinander festzuklammern und niemanden anzurempeln oder führten Modern-Dance-Variationen vor.

„Diese Stereotype führen zu weit!" brüllte ich, schlug mit der Faust auf den Picknicktisch und fing mir einen Splitter ein. Ich fühlte mich wie in einer dieser Serien über das Reich der wilden Tiere. Dort bekommen auch immer die Männchen der Spezies die schönen Federn und den Spaß ab, während die Pfauhennen dumm dreinschauen.

Niemand hörte mein Gebrüll, aber Karen sah meinen Gesichtsausdruck. „Wenn du dich unterhalten willst, laß uns hinausgehen", gestikulierte sie und führte mich an den Plakaten für die Wahl der Ballkönigin des Bundesstaates vorbei nach draußen.

Karen besaß keinen Ford LTD, sondern einen VW-Käfer. Sie kurbelte die Scheiben herunter, so daß wir die feuchte Luft auf unseren Gesichtern spürten. „Einige der Studentinnen lassen dich fragen, ob du für uns am morgigen Bettenrennen teilnehmen würdest. Du würdest auf dem Bett sitzen und ein Schild halten. Es dreht sich um eine politische Aktion – es geht nicht ums Gewinnen oder Verlieren."

„Ein Bettenrennen ...?" fragte ich. Hatte das was mit der Prinzessin auf der Erbse zu tun?

„Dieses Ereignis findet hier jedes Frühjahr statt", erklärte Karen. „Die Main Street wird abgesperrt, und alle rollen auf fahrbaren Bettgestellen um die Wette. Jede Studentenverbindung, Pizzeria und alle möglichen sonstigen Gruppen sponsorn ein Bett. Dieses Jahr will das Frauenzentrum an der Uni ein Bett mit Informationen zu Vergewaltigung bei Verabredungen beisteuern."

Ich stellte mir mein kleines Metallbett mit Plakat vor, wie es in einer Staubwolke die Straße hinuntersauste. „Was hat das Frauenzentrum denn vor – wollen sie eine Live-Vergewaltigung inszenieren?" Ich merkte sofort, daß ich mich im Ton vergriffen hatte, aber angesichts von Karens Ausführungen über das bevorstehende Schauspiel war meine Phantasie mit mir durchgegangen.

Karen nahm keinen Anstoß daran. „Das ist eine lange Geschichte, aber ich erzähle sie dir lieber gleich", antwortete sie. „Es ist der größte Skandal, der an der Uni je passiert ist. Der größte Stolz dieser Hochschule ist ihre Basketballmannschaft", begann sie.

Ich ahnte schon, worauf es hinauslaufen würde.

„Aus diesem Grund spenden die Alten Herren haufenweise Knete", fuhr sie fort. „Deshalb habe ich damals auf deine Frage, wofür die Uni berühmt sei, ‚Basketball' geantwortet."

„Solche Hochschulen gibt es zuhauf", sagte ich und dachte daran, daß auch ich gelegentlich in *Sports Illustrated* blätterte. Die Geschichte, die Karen erzählte, hatte ich schon oft zuvor gelesen. Lokalmannschaften gehen aus, um ihren Sieg zu feiern oder ihre Niederlage zu begießen. Alle besaufen sich maßlos. Eine Frau flirtet mit einigen der Jungs. Sie nehmen die Frau – die aus freiem Willen zustimmt – mit zum Wohnheim. Sex ist angesagt. Sex mit mehr als einem Spieler ist ebenfalls angesagt. Und an dieser Stelle entgleist die Situation. Die Frau hat auf einmal keinen Spaß mehr daran. Sie findet sich auf einmal in einer entsetzlichen Situation wieder. Niemand interessiert sich für ihre Gefühle, niemanden kümmert ihre Pein. Niemand weiß ganz genau, von wie vielen Jungs sie gefickt wurde …

Am folgenden Tag wird Anzeige erstattet, und die Bombe platzt. Sämtliche Spieler werden von der Hochschuldirektion und der Polizei verhört. Einige bekommen es mit der Angst zu tun und gestehen eine Gruppenvergewaltigung, andere schweigen sich aus. Die Ehrlichen werden bestraft und fliegen von der Uni. Unter ihnen befinden sich einige der Top-Basketballer. Die Universität, die Riege der Alten Herren, quasi die gesamte Stadt ist wie vom Schlag getroffen: Diese „Nutte" ruiniert ihnen eine aussichtsreiche Spielzeit! Die wenigen BürgerInnen, für die der Sport nicht im Mittelpunkt ihres Daseins steht, fühlen sich von diesem Einblick in das gesellschaftliche Lotterleben auf dem Campus abgestoßen. Die Scheinheiligkeit stinkt zum Himmel.

Derartige Skandale kommen fortwährend an den unterschiedlichen Hochschulen und Colleges vor. Jedes Mal wird der Frage, ob die betroffene Frau als Jungfrau oder als Hure zu gelten hat, peinlichste Aufmerksamkeit geschenkt. Die Reaktionen der Hochschulverwaltungen bewegen sich auf einer schmalen Skala zwischen paternalistisch und nonchalant. Während der Stoff, aus dem die Moral ist, für eine Mark pro Meter verscherbelt wird, erhebt sich eine andere Stimme laut und klar und benennt die Krisensituation als das, was sie ist: nämlich mehr als ein Skandal. Die Stimme gehört den Feministinnen, die vom Phänomen der Vergewaltigung bei Verabredungen sprechen. Sie beharren darauf, daß eine Frau beim Sex jederzeit das Recht habe, nein zu sagen – nämlich immer dann, wenn ihr das, was vor sich geht, nicht mehr gefällt. Erfrischend an dieser feministischen Forderung ist, daß das Problem als eine Frage des gegenseitigen Einvernehmens behandelt wird und nicht als eine Frage der Promiskuität.

Die Signale von Einverständnis – oder Verweigerung – lesen sich oft nicht so eindeutig wie ein Stopschild. Den meisten Theoretikerinnen schien es bislang zuwider zu sein, das vielschichtige Problem sexueller Absprachen zu diskutieren oder die Scham zu analysieren, die viele Frauen daran hindert, zu ihrem Begehren oder körperlichen Vergnügen zu stehen. Von Frauen wird erwartet, sich zwischen Schutz und Risiko zu entscheiden, zwischen Freiheit und Vorsicht. Da die meisten Frauen nur ein geringes sexuelles Selbstbewußtsein haben, bleibt ihnen angesichts der gebotenen Möglichkeiten kaum eine Wahl.

„Was müßte ich also auf diesem Bett tun?"

„Im Prinzip nur ein Schild mit einem Spruch hochhalten – zum Beispiel: ‚Wenn ich nein sage, meine ich nein!' oder so."

„Also, wenn ich nein sage, heißt das nicht unbedingt nein. Manchmal bedeutet es auch ... " Ich hielt inne und versuchte in Windeseile Karens Gedanken zu lesen. Was wußte sie über Sex und Rollenspiele? „Ein solches Schild könnte ich nicht hochhalten", fuhr ich fort. „Das klingt nach Nancy Reagan oder Tipper Gore im Schlafzimmer ihrer Töchter. Warum kann ich kein Schild halten auf dem steht: ‚Warum können Frauen nicht ja meinen und ja sagen?'"

„Na ja, eigentlich ist es auch egal, denn vermutlich kriegen sie ihr Bett ohnehin nicht rechtzeitig startklar. Abgesehen davon halten einige vom Frauenzentrum dich sowieso nicht für geeignet, weil du mit Porno und so zu tun hast."

„Das heißt, einen Teil für das Ganze zu nehmen", antwortete ich und beschloß, sämtliche Vorsicht in den Wind zu schlagen. „Nimmst du jedes Nein ernst, das du im Bett hörst?"

„Nein", grinste Karen.

„Es fällt mir äußerst schwer, jedes Nein unbesehen zu glauben", erklärte ich. „Diese ganze ‚Feminismus heißt nein'-Bewegung vertritt in der Sexdebatte eine puritanische Seite, die wir schon seit zehn Jahren kennen. Solange Frauen in Sachen Sex nicht ganz selbstbewußt ja sagen können, wird ein solches Nein immer zweideutig bleiben. Wenn ich nein höre, muß ich die Umstände, in denen es gesagt wird, berücksichtigen."

„Ich glaube, bei diesen Verbindungsparties ist aber allen der Kontext ziemlich klar. Und jedesmal steht das Wort der Frau gegen das der Männer, und ihr Nein wird nicht ernstgenommen."

Karen entpuppte sich in bezug auf dieses Thema als gar nicht so blasiert.

Ich schwieg eine Weile. Wir waren fast am Parkplatz meines Hotels angekommen. Ich fühle mich immer in die Enge getrieben, wenn ich von den örtlichen Verwalterinnen der reinen feministischen Lehre abgelehnt werde, dabei war Karen mir gar nicht einmal so sehr auf die Pelle gerückt. Warum meine ich immer, ich müßte das Blut vorweisen, das unter meinen Fingernägeln geklebt hat, als ich einmal zu einem Mann – der größer und stärker war als ich – nein sagte und er sich keinen Deut darum scherte? Ich habe an Selbstverteidigungskursen teilgenommen und dem feministischen Mann, der sich als Dummy zur Verfügung stellte, heftigst in die Eier seines gepolsterten Anzugs getreten. Gelegentlich betätige ich mich sogar künstlerisch. Einmal habe ich zum Beispiel meinen Busen mit Rasierklingen gespickt, bevor ich in die Disco ging. Laßt mich also verdammt noch mal in Ruhe!

Karen schien es nicht besonders eilig zu haben. Wir saßen im Dunkeln in ihrem Auto auf dem Parkplatz, und sie steckte sich eine Zigarette an.

„Vor diesen tyrannischen Mackern habe ich mich schon immer gefürchtet", erzählte ich ihr. „Weder das Eiertreten noch die Schreiübungen, noch Trillerpfeifen haben meine Angst auch nur im geringsten mindern können. Der Knoten platzte, als ich zum ersten Mal eine Stripshow besuchte. Ich hatte natürlich schon Angst davor, auch nur hineinzugehen. Mir graute vor den Männern, die sich drinnen aufhielten. Eine Lesbe, die derartige Vorbehalte nicht kannte, begleitete mich. Im Club gab es außer uns beiden keine einzige bekleidete Frau. Die Tänzerinnen auf der Bühne und zwischen den Tischen posierten und poussierten, was das Zeug hielt. Ich sah, wie die Männer auf den vorderen Plätzen im Dämmerlicht der Bühne die Frauen voller Ehrfurcht begafften. Ihre Unverblümtheit, ihre Fähigkeit, sexuell aggressiv zu sein und gleichzeitig Grenzen zu ziehen, steht für mich in krassem Gegensatz zu der sexuellen Einschüchterung, die mit Vergewaltigungen bei Verabredungen einhergeht." Ich fragte mich, ob Karen mir soweit folgte.

„Trotzdem sind manche Männer Schweine und beuten Studentinnen und Striptease-Tänzerinnen sexuell aus", wandte Karen ungeduldig ein.

„Hör zu", entgegnete ich, „ich versuche dir klarzumachen, daß ich die Basketball-Mannschaft nicht daran hindern kann, sich wie die Berserker aufzuführen, aber ich schmore eher in der Hölle, als daß ich mir von ihnen – oder irgend jemand sonst – meinen sexuellen Schneid abkaufen lasse. Ich werde *nicht* in die fünfziger Jahre zurückkehren."

Ich hielt nun besser den Mund, bevor das weiße Kreuz möglicherweise von meiner Schulter stürzte und zerschellte. Vielleicht konnte ich Karen *zeigen,* wovon ich sprach. „Gibt es in dieser Stadt einen Striptease-Club?" fragte ich sie.

„Wo denkst du hin!" Karen lachte und griff nach meinen Händen. „Du machst mich an", meinte sie. „Merkst du das nicht?"

Also deswegen war ich auf einmal so nervös. Sie interessierte sich kein Stück für meine politischen Hetzreden.

„Und wie verträgt sich das mit der großen Liebe zu deiner neuen Freundin?" fragte ich. Ihre neue Geliebte war Karens erste Femme – mit ihr hatte sie den besten Sex aller Zeiten – sie liebte sie zutiefst und so weiter und so weiter ...

„Ja, ich weiß ... aber ich habe mit ihr über dich gesprochen", antwortete Karen. „Darüber, wie es wäre, unsere Beziehung nicht monogam zu leben ..."

„Also bitte ... davon möchte ich kein Wort hören! Das heißt doch, ihr habt über mich geredet, bevor ich überhaupt hergekommen bin!" Ich hasse es, wenn Paare mich als Brennstoff für ihre kleinen Phantasiesünden benutzen und mir später davon erzählen – als ob du in ihrer Phantasie jemals wirklich die Rolle der gleichberechtigten Dritten spielen könntest.

Sie strich mir zart über die Nipples. „Wir könnten uns küssen", schlug sie vor.

„Nein heißt nein!" entgegnete ich ihr und machte ihr eine lange Nase. Aber ich rückte nicht von ihr ab. Ich fühlte mich gleichzeitig gelangweilt, genervt, neugierig und bedrängt. „Du wirst es ihr bestimmt beichten, und sie wird sich aufregen, und wenn ich dir dann in unserer überaus kleinen Welt einmal wiederbegegne, werde ich das Gefühl haben, ich hätte eurer ach so perfekten Beziehung Schaden zugefügt." Eine kotzgrüne Anti-Beziehungs-Tirade kam in mir hoch.

„Ich erzähle es ihr nicht", versprach sie.

„Nein?"

„Nicht, wenn dir so viel daran gelegen ist."

„Wer's glaubt, wird selig!"

Mit siebzehn glaubte ich noch, für guten Sex alles in Kauf nehmen zu können. Schon ein Jahr später änderte ich meine Meinung. Jetzt war ich dreiunddreißig, und mein weißes Kreuz geriet deutlich ins Wanken. Ihre Hände an meinen Brüsten weckten meinen Trotz und Wagemut. Ich wandte ihr mein Gesicht zu. „Nein heißt küß mich!"

Sie küßte mich.

„Jetzt bin ich klatschnaß", sagte ich, als ich mich von ihr löste, „und deine perfekte Freundin kümmert mich einen feuchten Kehricht." Karen schob ihre Hände zwischen meine Schenkel. Ich hatte nicht gelogen. Ich stöhnte.

Sie hörte auf, mich zu küssen.

„Ich kann nicht", seufzte sie.

„Was heißt das – du *kannst* nicht? Machst du Witze?"

Nein. Sie meinte es ernst. Mein Magen krampfte sich zusammen.

„Es tut mir leid", sagte sie. „Ich kann Mary das nicht antun."

Angesichts der Abgedroschenheit der Situation wurde ich von Peinlichkeit überwältigt. Ich wollte ihr sagen, daß wir schon längst aus der Bar raus wären und keine Show mehr abziehen müßten. Statt dessen kletterte ich aus dem Auto und fragte sie, wann sie mich am nächsten Morgen abholen würde, um mich zum Flughafen zu bringen.

In meinem Hotelzimmer lief später auf MTV der Videoclip *Losing my Religion*. Ich erinnerte mich, daß in dem Frühstückscafé, in das Karen mich an jenem Morgen geführt hatte, jemand diese Redewendung gebraucht hatte. Sie wird im Süden benutzt, wenn etwas zu weit geht, aus dem Ruder läuft. „Diese Geschichte hat Connie ihren Glauben gekostet" – so hatten sich die Leute im Café ausgedrückt, und ich hatte gelächelt und mich gefragt, ob von einer außerehelichen Affäre oder einem Comingout die Rede war. Aber vielleicht hatte Connie auch nur ihr trügerisches Gefühl von Sicherheit verloren – wie ich oder jene

Frau, die eine Bar betrat und mit der falschen Gruppe von Jungs flirtete. Dieses weiße Kreuz konnte dich problemlos zur Märtyrerin machen – oder auch bloß zur Idiotin. Mir hat es jedenfalls keine Sicherheit gewährt. Aber es erinnerte mich eindrücklich an die Risiken.

Am nächsten Tag entschuldigte sich Karen in einer Tour, was ich unerträglich fand.

„Hey, ich hatte keine Ahnung, daß es so enden würde", seufzte ich. Mal mir ein Schild, auf dem das draufsteht, und ich trage es überall vor mir her. „Eines Tages werden wir uns alle in San Francisco treffen, deine Freundin, du und ich", versprach ich, obwohl das garantiert nie passieren würde. Ich griff nach meinen Koffern und meinem Kreuz und flog nach Hause.

Lynnie

Heutzutage gilt Bernal Heights in San Francisco als ziemlich ruhiges Viertel. Vor einigen Monaten hat jemand das Beatles-Haus gekauft, ein zweistöckiges, stuckverziertes Gebäude, dessen Fassade vom Keller bis zum Dach ein eindrucksvolles Wandgemälde zierte, auf dem die Beatles-Legende von Hamburg bis „Let it be" dargestellt war. Die neuen BesitzerInnen haben es grau überstrichen. Eine Querstraße weiter befand sich der Unterschlupf von Patty Hearst, nachdem sie sich der Untergrundorganisation Symbionese Liberation Army angeschlossen hatte. Auf der gegenüberliegenden Straßenseite erstreckt sich der einst berüchtigte „Spritzen-Park". Was den Precita-Park angeht, streitet man sich dieser Tage nur noch, ob nicht der Kinderspielplatz von einem niedrigen Zaun umgeben werden müßte. Hin und wieder stolpere ich im Sandkasten noch über eine Bierdose, aber es ist einfach nicht mehr dasselbe. Eigentlich ist, seitdem Lynn weggezogen ist, überhaupt nichts mehr so, wie es einmal war. Ich lernte sie vor zehn Jahren kennen, und vor acht Jahren zog sie fort.

Es war am morgen des Gay Day 1981. Meine Wohnung platzte aus allen Nähten, im Wohnzimmer nächtigten Lesben aus Santa Cruz. Der Gay Day stimmt mich immer so menschen- und gastfreundlich. Eierkuchen mit Erdbeeren mußten für die ganze Meute gebacken werden. Den Parade-Teilnehmerinnen mußten die Buttons ordentlich angepinnt werden. Aus der Stereoanlage hatte triumphale Musik zu donnern, während wir alle Gay-Day-Gepflogenheiten des vergangenen Jahrzehnts sentimental befolgten. Vor allem aber jährte sich an jenem Tag die Beziehung meiner Mitbewohnerinnen zum zweitenmal. Sie hatten sich damals je ein Klümpchen Opium in den Arsch geschoben und sich dabei irrsinnig ineinander verliebt. Mittlerweile geht die eine zu den Anonymen Alkoholikern und die andere zu Al-Anon, der Selbsthilfegruppe für Angehörige und FreundInnen von Suchtmittelabhängigen, aber ihre Geschichte muß immer noch mit nostalgischer Wehmut erzählt werden.

An jenem Gay Day schlich ich mich morgens um sieben auf Zehenspitzen ins Wohnzimmer, um zu sehen, ob meine Freundinnen schon aus ihren Schlafsäcken lugten. Wartet nur, bis euch der Duft der Eierkuchen in die Nase steigt! In diesen wenigen Minuten der Stille, kurz bevor die Stadt für ihre größte Parade zum Leben erwachte, wuchs meine Aufregung immer ins Unermeßliche. Ich kehrte in die Küche zurück, um die Erdbeeren zu holen, und überlegte, ob die erste in den Mund oder in die Möse wandern sollte.

Draußen zerbarst etwas in tausend Stücke. Unmittelbar darauf vernahm ich eine Stimme, die mindestens so scharf wie ein Glassplitter klang:

„Laß das Messer fallen, du Dreckskerl!"

Damals verstand ich die Worte nicht. Ich konnte sie mir erst im nachhinein zusammenreimen, indem ich meine noch halb verschlafenen Gäste befragte, die nun neugierig aus dem Fenster spähten. Gebrüllt hatte eine junge Frau mit einer tiefen Stimme, die klang, als hätte sie mindestens einen Golfball im Mund. Darüber hinaus klang sie, als sei mit ihr nicht gut Kirschen essen.

Mitten auf der Straße stand Neil, und ich ahnte Böses. Neil war sozusagen ein wandelndes Agent-Orange-Wrack. Er lebte im Park, war ständig high und versuchte kleine Mädchen dazu zu kriegen, daß sie ihre Unterhosen vor ihm runterließen. Du konntest nicht einfach mit ihm über den Krieg plaudern, weil er ständig kurz vor dem Durchdrehen war. Und tatsächlich schwenkte er gerade ein Schlachtermesser, während ihm der

Rotz das Kinn hinablief. Halb weinte, halb jaulte er wie eine grantige Katze – irgendwas über „jüdische Schlampen". Seine Paranoia hatte etwa denselben Grünstich wie sein Rotz.

Keine zwei Meter vor ihm hatte sich eine kleine drahtige zottelhaarige Braut aufgebaut. Von einer ihrer geballten Fäuste tropfte Blut. Ich wandte meinen Blick zu dem Haus hinter ihr und den Glasscherben. Offenbar hatte sie mit der Faust die Scheibe der Eingangstür zerschmettert. Und so etwas war meine Nachbarin!

Jetzt sprach sie wieder zu Neil. Ihre Stimme war immer noch eindringlich, aber inzwischen gleichmäßig und fest, als ob das Zerschmettern des Glases sie beruhigt hätte.

„Wieso verstehe ich nicht ein Wort von dem, was sie sagt?" fragte ich.

„Sie stammt aus Brooklyn", antwortete eine meiner Mitbewohnerinnen.

„Welcher Teil von Brooklyn soll das denn sein?" wollte eine der anderen wissen, und ich fragte mich dasselbe.

Neil umklammerte immer noch mit ausgestreckter Hand sein Messer. Mit japsender Stimme protestierte er in den schrillsten Tönen.

„Jetzt reicht's, Mann!" raunzte die Blonde. Sie trat unbeirrt in jene rotzgrüne Zone, die die beiden voneinander trennte, und nahm Neil das Messer aus der Hand, als sei er ein Säugling. Er ließ es zu! Dann fluchte sie und nahm ihn beim Arm, und kaum hatte ich gesagt: „Ich trau' meinen Augen nicht!", waren die beiden durch die kaputte Tür verschwunden.

Jahre später fragte ich Lynnie: „Wußtest du, daß du Neil sein Messer am Gay Day abgenommen hast?"

„Scheiße, nein, ich hatte keine Ahnung von Gay Day und so, bevor ich euch Lesben von gegenüber begegnet bin", sagte sie. „Und ich werde nie vergessen, wie du diese Bezeichnung auf mich angewendet hast!"

Auch ich würde das nie vergessen. Tausendmal hatte ich das blaue Haus gegenüber schon angestarrt, aber die Rollos waren immer heruntergelassen, und die Eingangstür sah nicht so aus, als ob das Stück Sperrholz, das über das Loch genagelt war, jemals wieder durch Glas ersetzt werden würde. Die Sanierungswelle war an diesem viktorianischen Haus vorübergegangen.

Eines Tages trabte ich vom Eckladen die Straße hinauf, als plötzlich dieser Gangsterslang meinen Kopf umschwirrte wie ein Schmetterling.

„Hey, Puppe, wie geht's?"

Puppe?! Aber sie konnte sich nicht nur erlauben, mich so anzusprechen, sondern verursachte mir zu allem Überfluß noch eine Gänsehaut. Sie lehnte aus einem Fenster im ersten Stock und griente. Diesmal sah ich ihr Gesicht von nahem, das Gesicht eines Superhelden aus den Comics. Starkes Kinn, tiefliegende grüne Augen, die funkelten – gütiger Himmel! –, Stupsnase und diese blonde Rockermähne, die mir vorher schon aufgefallen war. Die Ärmel ihres T-Shirts waren abgeschnitten, und darunter zeigten sich Bizeps – ebenfalls superheldenmäßig. Ich fühlte mich wie Lois Lane, die Puppe von Superman, und kriegte plötzlich weiche Knie.

„Kann ich reinkommen?" fragte ich.

„Ja, warte 'ne Sekunde", erwiderte sie und verschwand.

Ich mußte um einiges länger warten, als es dauern konnte, eine Treppe hinunterzustiefeln und zu öffnen. Die kaputte Tür starrte mich an wie eine dieser Türen im Traum, die dir nicht ganz geheuer sind. Als Lynn sie schließlich aufriß, trug sie einen dieser Hauskimonos von der kurzen Sorte. Nur daß die eine seidene Tasche vom Gewicht einer 45er Automatik heruntergezogen wurde. Doch bei Lynn hattest du nie richtig Zeit, schockiert zu sein – sie versetzte dich unmittelbar in einen Zustand beschleunigter Nonchalance, weil sie sich so schnell bewegte.

„Wofür brauchst du die da?" fragte ich und wies mit dem Kopf auf die Knarre. Ich stieg die Treppe hinauf. „Wie heißt du?"

„Lynn", antwortete sie. Wie auf's Stichwort krähte ein kleines Mädchen: „Lyn-niie!"

„Das ist Leah", erklärte Lynn. „Ich pass' auf sie auf, während ihre Mutter arbeiten geht."

Leah steckte ihren Kopf um die Ecke, um mich in Augenschein zu nehmen. Sie war vielleicht acht, und ihre Hände waren mit Make-up verschmiert. Lynn murmelte irgend etwas von „quengeln", und Leah zog mit einer Schnute davon. Ich werde immer nur einen Bruchteil dessen wiedergeben können, was Lynn in meiner Gegenwart sprach. Ich verstand ihren Slang so schlecht.

Die Knarre hinge mit dem Dope zusammen, erklärte sie. Sie wies in Richtung Garten, wo in einem Treibhaus tatsächlich mehrere zwei Meter hohe Pflanzen prangten. Sie kämen öfter zum Plündern, klärte Lynn mich auf, diese Ärsche, denen gegenüber sie sich immer so freigiebig gezeigt hätte, versuchten, sie auszunehmen. Dem würde sie einen Riegel vorschieben – mit der Kanone nämlich.

Lynn sprach von den dummen, vorpubertären Knaben, die sich an den Autos, Blumenkästen und Graspflanzen in der Nachbarschaft vergriffen. Allerdings schien sie die jugendlichen Ganoven etwas näher zu kennen. Dieses Haus diente der örtlichen Bande offensichtlich als Unterschlupf. Tatsächlich, schoß es mir durch den Kopf, war Neil bislang vermutlich Lynns einziger erwachsener Besucher gewesen. Lynn selbst wirkte auch nicht älter als eine Schulgöre, gab sich aber für fünfundzwanzig aus.

Sie nahm mich mit in ein Schlafzimmer, dessen Fenster auf die Straße hinausging. Auf dem Boden lagen eine Schaumstoffmatratze, Duftölfläschchen, Räucherstäbchen, Bücher mit lila Samteinband und eine Stevie-Nicks-Cassette. „Das hier ist Lindas Zimmer", erklärte Lynn, was sie sich hätte sparen können, denn es besaß einfach eine zu feminine Ausstrahlung für sie.

Die Spuren der Frau in Lynns Leben wahrzunehmen, kühlte mich etwas ab. Ich konnte sie ja wohl kaum bitten, mich noch einmal „Puppe" zu nennen und mich auf einer selbstgenähten Decke, die nach Linda roch, zu ficken, bis mir Hören und Sehen verginge.

Lynn zog eine Plattenhülle hervor, um einen Joint zu drehen und quasselte ununterbrochen über die Kümmernisse und Sorgen, die ihr Marihuana-Anbau mit sich brachte. Leah betrat das Zimmer, um mich noch etwas eingehender in Augenschein zu nehmen. Ich versprach ihr, daß ich ihr meinen großen Luxus-Make-up-Koffer Marke Princess Borghese vermachen würde. Womit unsere Freundschaft auf der Stelle besiegelt war.

Lynn reichte mir den riesigen Joint, und ich fragte sie, warum sie dauernd mit Neil herumhinge. Von ihrer Antwort konnte ich kein Wort entschlüsseln, aber der Tonfall klang eindeutig nach dem eines resignierten Papas. Sie betrachtete Neil anscheinend als ihr kleines Mädchen. Lynn war von Natur aus die butcheste Butch, die ich je getroffen habe, und die Tatsache, daß ihr dies nicht bewußt schien, verstärkte den Effekt nur noch. Doch es würde nicht mehr allzulange dauern, bis sie nicht mehr als Lausemädchen durchgehen würde, dachte ich. Was würde dann geschehen?

Lynn reichte mir eine kleine Pfeife aus Onyx.

„Was ist das?" fragte ich. Der Geruch war mir fremd.

„Hasch", antwortete sie, und ich fand blitzschnell heraus, daß Lynn eine notorische Lügnerin war. Der Zug, den ich inhalierte, durchfuhr mich, als hätte ich einen Schlag in den Magen bekommen, und mir war, als ob es die Gedärme aus mir heraushaute.

Ich nehme an, es kam mir schlimmer vor, als es tatsächlich war, denn ich raste ohne zu stolpern bis zum Klo. Was mich eigentlich in chemische Euphorie hätte versetzen sollen, jagte mir eine Todesangst ein. Ich kam mir vor wie eines dieser Kids in den Drogenfilmen, die zu tief in die Scheiße gerutscht sind.

„Was in drei Teufels Namen war das?" fragte ich, als ich endlich vom Klo zurückkehrte. Lynn ignorierte mich.

Linda kam nach Hause. Sie war eine größere Ausgabe von Leah und bestach durch ihre großen braunen Augen und ihr prächtiges dunkles Haar, das an einigen Stellen silbern schimmerte.

Ich stürzte zum Fenster, um mich davon zu überzeugen, daß mein Haus immer noch gegenüber stand. Ich sah Jackie, die mit ihren Einkäufen den Hügel hochstapfte. Jackie wohnte zwei Häuser weiter und war die erste, die ich kennengelernt hatte, als ich in die Manchester Street zog.

„Hi, ich heiße Jackie", hatte sie sich vorgestellt. „Ich bin gerade auf dem Weg zum EäL-Treffen."

„Was bedeutet EäL?" hatte ich sie gefragt.

„Etwas ältere Lesben", hatte sie mit einem Augenzwinkern geantwortet. „Du darfst noch nicht teilnehmen." Sie war über sechzig.

Ich kicherte, als ich mich daran erinnerte, wie ich Bekanntschaft mit meinem neuen Wohnviertel geschlossen hatte, und beschloß, das Gespräch mit Miss .45 wieder anzuknüpfen.

„Findest du es nicht unglaublich, wie viele Lesben in dieser Straße wohnen?" bemerkte ich.

„Was?! – Was hast du gesagt?!" schrie Lynn, und es klang, als ob der größte Golfball aller Zeiten in ihrer Kehle steckte. *„Lindaaa!"* Sie stürzte ins Zimmer nebenan, während sie „Linda!" bellte – mit einer Stimme, gegen die selbst Marlon Brando nicht angekommen wäre. Sie zerrte Linda zum Ort des Verbrechens, als ob ich auf den Teppich geschissen hätte.

„Du glaubst nicht, was sie gerade gesagt hat! Das Wort, das sie benutzt hat, ich fass' es nicht!" Offensichtlich konnte Lynn jenes entsetzliche Wort noch nicht einmal wiederholen.

Ich verspürte den Drang, meinen Kalender zu überprüfen. Wir schrieben das Jahr 1983 in San Francisco, und ich konnte im Mission-Viertel jede irische Bar betreten und „Lesbe" sagen, ohne daß jemand auch nur aufsah. Scheinbar hatte ich hier allerdings einen großen Fehler begangen.

„Tut mir leid, daß ich das gesagt habe", entschuldigte ich mich. „Das war dumm von mir. Ich hatte angenommen, daß ihr beide zusammen seid und daß ihr die anderen Lesben" – wobei ich das Wort „Lesben" sehr behutsam aussprach – „kennt, die hier in der Straße wohnen. Es tut mir wirklich leid, daß ich euch so gekränkt habe."

Lynn griff sich einen Jointstummel vom Regal und zündete ihn an, ohne mich anzusehen.

Ich schloß daraus, daß es Zeit war, mich vom Acker zu machen. Ich bückte mich, hob meinen Pulli auf und wandte mich zum Gehen.

Lynn faßte nach meinem Arm. „Moment – ich begleite dich nach Hause", verkündete sie, als ob ich auf dem Heimweg einen gefährlichen Bahndamm überqueren müßte.

Ich wollte eigentlich protestieren, aber sie hatte mich soeben zum ersten Mal berührt. Mehr brauchte es nicht, um mich daran zu erinnern, warum ich überhaupt in dieser Crack-Hütte gelandet war. Lynn ging mir ganz schön unter die Haut.

Auf dem Weg über die Straße hielt sie mich bei der Hand und flüsterte, als ob ich ihre engste Vertraute sei: „Tut mir leid, daß Linda so kühl war. Weißt du, wir haben uns gestritten und so ..."

„Was faselst du da?" fragte ich, ohne zu flüstern. „Ihr habt also doch eine Beziehung oder wie?" stammelte ich. „Wenn ihr zwei zusammen seid, wieso mußte ich mich dann dafür entschuldigen, daß ich dich eine Lesbe genannt habe, verdammt noch mal?! Dabei bist du lesbischer als sonst jemand hier in der ganzen Straße!"

„Na ja, wir nennen uns eben nicht so", antwortete sie, diesmal nicht ganz so selbstgefällig. „Ich habe noch nie jemanden getroffen, die sich selbst so genannt hat."

Sie sprach die Wahrheit, vermutlich zum ersten Mal an diesem ganzen Nachmittag. Ich lud sie ein, mich demnächst einmal zu besuchen, weil ich ihr Princess Borghese und einige andere Lesben vorstellen wollte.

Lynnies Kamikaze Heart

Um Lynnie rankten sich eine Menge Geschichten. Der größte
Knaller aber war, daß sie meinte, jeden Tag sterben zu müssen.
Diese Beule, die sich auf ihrem Kopf wölbte, sah tatsächlich
ziemlich schauderhaft aus. Lynnie sagte, es handele sich um
einen Gehirntumor. Manchmal schwoll die Beule an und verursachte ihr gräßliche Schmerzen. Noch aber war Lynnie nicht gestorben. In der Uniklinik von Stanford unterzöge sie sich einer
experimentellen Behandlungsform, erfuhr ich. Auf diese Weise
erhielt sie großzügige Rezepte für medizinisches Kokain. Die
ÄrztInnen hätten ihr wiederholt mitgeteilt, daß sie innerhalb der
nächsten sechs Monate sterben würde. Welchen Sinn machte es
daher, sie zu bitten, vom Koks herunterzukommen?

Es hieß, sie hätte allein auf sich gestellt gelebt, seit sie vierzehn
war. Sie hätte einem älteren Mann den Kopf verdreht, der irgendwann gestorben sei und ihr eine Menge Geld hinterlassen habe.
Davon könne sie sich alle Drogen der Welt leisten. Es gelang mir
nicht, mir vorzustellen, wie sie als Lolita irgendeines Kerls gelebt
haben sollte. Falls dabei irgendwas Sexuelles mitgespielt hatte,
mußte es die Anbetung der Unberührbaren gewesen sein.

Das einzige, was ich mit Sicherheit von ihr wußte, war, daß ihr
Vater in Brooklyn lebte und seinen Lebensunterhalt als Milch-
mann verdiente. Eines Tages war er mit ihrem kleinen Bruder
nach Kalifornien gekommen, um sie zu besuchen. Im Vergleich
zu Lynn wirkten die beiden entsetzlich langweilig. Ihre Mutter
war tot.

Meine Wohngemeinschaft lud Lynn und Linda zu ihrer ersten
Lesben-Party ein. Später führten wir sie das erste Mal in ihrem

Leben in eine Lesbenbar. Schließlich freundete sich Lynn mit den drogensüchtigen lesbischen Stripperinnen im Rotlichtbezirk an und jobbte als Rausschmeißerin in einer der schmierigsten Peep-Shows auf der Market Street. Wer dort auch nur eine Glühbirne wechselte, entdeckte mindestens ein Spritzbesteck. All das geschah 1984, bevor innerhalb eines schrecklichen Jahres Raven, Beth und Pam starben und alle anderen in Selbsthilfegruppen eintraten, um von den Drogen loszukommen. Das waren die guten alten, schlimmen alten Zeiten ...

Offensichtlich gelang es Lynn als Rausschmeißerin, genausoviel Ärger heraufzubeschwören wie zu verhindern. Ihre entwaffnenden Fähigkeiten, die sie bei Neil, dem Psychopathen aus unserem Viertel, unter Beweis gestellt hatte, zeitigten auch bei sämtlichen Auseinandersetzungen mit den Männern, die das Sexkino besuchten, Erfolg. Irgendwie weckte sie den kleinen Jungen in ihnen, und sie reagierten auf Lynn nicht wie auf ihre Mommy, sondern wie auf ihren Daddy. Nachdem sie den Unartigen eins hinter die Ohren gegeben hatte, bemühten sie sich, Eindruck bei ihr zu schinden.

Lynn war für mich das absolute Gegenteil zu den politischen Szene-Lesben, in deren Gesellschaft ich mein bisheriges Leben verbracht hatte. Im Vergleich zu ihr kam ich mir vor wie eine Pensionatsschülerin aus gutem Hause. Ich wurde den Eindruck nicht los, daß sie eine Art Urlesbe verkörperte, die auf ziemlich unhöfliche Weise aus dem Yuppieleben der Lesbenszene ausgegrenzt wurde. Ihre Verbundenheit mit Männern – Tunten wie Kerlen – bildete einen erfrischenden Kontrast zu dem Spitzengardinen-Separatismus, dem sich die Lesbenszene verschrieben hatte.

Lynn ging nicht auf alle Frauen gleich zu. Sie fühlte sich nur von Femmes angezogen, die den Helden in ihr hervorlockten. Ihren Geliebten gegenüber legte sie eine romantische Ader und einen ebenso unverschämten wie unfemininen Beschützerinstinkt an den Tag. Ihr Verhältnis zu den anderen Butches, die sie „dykes" nannte, war von Händeleien geprägt. Mir mißfiel ihre Konkurrenz zu diesen wenigen anderen Lesben, die ihr doch so ähnlich waren. Ich fand, diese Frauen – gewissermaßen als letzte ihrer Gattung – hätten eher beste Freundinnen sein müssen. Aber Lynn wollte nichts davon wissen. Sie konnte sich nur mit einer Butch anfreunden, indem sie sie zu einer Schlägerei herausforderte und anschließend mit ihr über Beulen und blauen Flecken Frieden schloß. Mir gefiel das überhaupt nicht, aber es hätte direkt aus einem lesbischen Groschenroman stammen können.

Es gibt einen unabhängig produzierten Film, *Kamikaze Hearts,* der gelegentlich in den Programmkinos größerer Städte gezeigt wird. *Kamikaze Hearts* wurde in besagtem Pornokino in der Market Street gedreht und zeigt eine Szene, in der Lynn die Beherrschung verliert und ein „Mädel aufmischt", wie sie es ausdrücken würde. Dieser halbdokumentarische Film handelt von einem lesbischen Paar, der Arbeit und dem Leben der beiden rund um den Dreh von billigen Pornofilmen. Als der Film herauskam, wurde er heftig diskutiert, weil er den ungeheuren Drogenkonsum im Umfeld von Pornoproduktionen zeigt. Schade, daß alle so schockiert und bestürzt reagiert haben. Vielleicht fiele endlich der Groschen, wenn ähnliche Filme über den Drogenmißbrauch in Hollywood, bei MTV oder im Profi-Football gedreht würden: Nicht allein das Pornobusineß, sondern die ganze Freizeit- und Unterhaltungsindustrie lebt in einem einzigen Drogenrausch.

Die vom Unglück verfolgten und koksbenebelten Geliebten in *Kamikaze Hearts* heißen Tigr und Mitch. In einer Szene hält Mitch, als sie sich gerade einen Schuß setzen will, die Spritze vor die Kamera und erklärt ihre Beziehung zu Tigr: „Das hier ist mein Schwanz. Sie wollte meinen Schwanz, und ich hab' ihn ihr gegeben."

Einmal sah ich den Film in einer Vorführung nur für Lesben. Sie buhten wie eine Gruppe von Lustspiel-Abonnentinnen in einem modernen Theaterstück wegen des füüürchterlichen Gebrauchs von Drogen, der hier dargestellt wird. Mir selbst kamen bei Mitchs Erklärung die Tränen – aber nicht wegen der Drogen. Meine sentimentale Reaktion bezog sich auf Mitchs unverfälschte Butch-Ehre und darauf, wie sie ihrer Frau alles geben muß, was diese will.

Lynns großer Auftritt im Film zeigt, wie sie während einer Stripshow zwischen den Sitzreihen mit einer anderen Frau einen Faustkampf austrägt. Das Adrenalin schießt ihr fast sichtbar in den Kopf, und du begreifst, daß sie auf irgend etwas einschlagen *muß*. Einige schnelle Schnitte später sehen wir sie vor dem Eingang zum Kino, mit rotem Gesicht und in gehobener Stimmung. Ob sie einen Sieg davongetragen hat oder klein beigeben mußte, ist nicht erkennbar. Lynn braucht einfach den Zusammenprall, so oder so, um sich abreagieren zu können.

Was ist das Besondere an Gewalt und an Frauen, die davor nicht zurückschrecken? Wenn ich wütend bin, verwandle ich mich in ein typisches Weibchen. Alles richtet sich nach innen. Mit mehr Biß als bissigem Sarkasmus kann ich nicht aufwarten. Der Rest des Ärgers wurmt mich, dreht und windet sich, ruft Zweifel hervor und bemüht sich, Verständnis aufzubringen.

Natürlich ist mein „weibliches" Verhalten der Gewalttätigkeit überlegen: Gewalt ist kein Mittel, um Konflikte zu lösen. Ich bin kein Höhlenmensch; ich kann über meine Gefühle sprechen. Aber manchmal beneide ich Menschen wie Lynn um ihre kurzen, heftigen, unbeherrschten Ausbrüche, um ihren Zorn, der alles so schnell auf den Punkt bringt.

Wenn jemand die Beherrschung verliert, halte ich mich am liebsten fern. Denn anschließend zerspringt in mir selbst immer etwas. Ein Mann, den ich einmal geliebt habe, provozierte eines nachts auf unserem Heimweg von der Kneipe eine Schläge-

rei. Danach kam er mit seinem blutigen Gesicht bei mir ange-
schlichen und bat mich: „Leck es ab, Baby!" Ich tat ihm den Gefallen – wie eine Katzenmutter. Lynn versuchte mich auch immer auf diese Art zu kriegen. Doch ich wehrte mich dagegen,
ich konnte sie einfach nicht bemuttern.

Schließlich hatten Lynn und Linda sich in San Francisco so
viele Kreditkartenbetrügereien geleistet, daß sie eines Tages
ziemlich schnell ihre Siebensachen packen mußten und nach
Arizona zogen. Mir wurde zugetragen, daß sie jetzt auch Heroin
drückten. Die kleine Leah, Lindas Tochter, wurde von einem
Teil der Familie zum nächsten herumgereicht, so daß sie langsam verrückt wurde. Das zu wissen machte mich krank. Linda
und Lynn schoben sich gegenseitig die Schuld in die Schuhe.

Aus meinem Wunschtraum, daß Lynnie ihr Leben in Ordnung
bringen könnte, wenn sie nur ihr Coming-out hätte, war ich un-
sanft aufgewacht. Erstens gehörte sie zur Kategorie der nahezu
unheilbar Süchtigen. Zweitens wurde sie nie Teil der schwullesbischen Mittelschicht.

Mein Freund Allan erzählte mir einmal, daß die schwullesbische Kultur ihn mit den Feinheiten der Mittelschicht vertraut
gemacht hätte: Bildung, Kunst, gehobene Küche und was so da-
zugehörte. Er und viele andere wüßten das zu schätzen. Lynn
interessierte sich jedoch nie für dergleichen. Sie glich einer Poe-
tin ohne Sinn für Ästhetik. Sie sehnte sich nach ihrem eigenen
Stück Land, von dem alle anderen sich fernhalten sollten. Mit
diesen Cowboy-Idealen empfand sie sich eher den Heteros zu-
gehörig. Sie nannte sich nie lesbisch, aber sie trieb es auch nie
mit einem Mann.

Lynn schickte mir aus Arizona Verse, die sich reimten, Fotos
von dem Land, das sie gekauft hatte, und von dem Haus, das
sie darauf baute. Sie hatte sich von Linda getrennt und war angeblich glücklich darüber. Aber sie klang entsetzlich einsam.
Schließlich kehrte sie nach San Francisco zurück, um weitere

Tests wegen ihres Gehirntumors durchführen zu lassen. Ich nehme an, daß sie ihr die Reise bezahlt haben, weil ihr Fall so ungewöhnlich war.

Ich erzählte Lynnie, daß ich in eine neue Wohnung zöge, die vorher noch gestrichen werden müßte. Sie meinte, sie würde das innerhalb von ein paar Stunden für mich erledigen. Wenn Lynnie sich einmal in den Kopf gesetzt hatte, dir zu helfen, gab es keine Möglichkeit, sie davon abzubringen. Hilfsbereitschaft ist eine weitere klassische Butch-Eigenschaft. Sie reicht einen Schritt weiter als „einen Mann im Haus zu haben". Eine Butch *muß* helfen, und gnade dir Göttin, wenn sie eigentlich nicht über die erforderlichen Fähigkeiten verfügt. Dir zu helfen heißt dich zu lieben, und dir bleibt nichts anderes übrig, als diese Liebe bedingungslos anzunehmen. Ein Mann benimmt sich in der gleichen Situation ähnlich. Doch er ist in bezug auf seine Kompetenz meist viel nervöser und kann sich nicht halb so sehr für das Ergebnis begeistern.

Lynn verbrachte sechs Stunden malend und singend in meiner Wohnung. Sie strich nicht nur die Wände, sondern auch gleich den gesamten Fußboden. Meine Mitbewohnerin Jill, ebenfalls eine Butch, kam nach Hause, und die beiden haßten sich von der ersten Sekunde an. Inzwischen machte mich das glücklich. Wenn sie sich ein paarmal die Nase einschlügen, würden sie sicher beste Freundinnen werden.

Als die gesamte Wohnung also von einer nassen Schicht matter weißer Farbe bedeckt war, bestand Lynn darauf, daß wir uns in ihren Jeep quetschten, um ihre neueste Flamme von der Schule am anderen Ende der Stadt abzuholen.

„Das ist ja ganz was Neues, Lynn", bemerkte ich. Lynn stand gewöhnlich nämlich nicht auf Schulmädchen, sondern auf mütterliche Frauen. Das Mädchen hatte Lynn augenscheinlich versprochen, an diesem Abend mit ihr nach Arizona zu fahren. Aber ihre Mutter mußte erst noch zustimmen.

„Ich hatte mit ihrer Mutter vor langer Zeit eine Affäre", gestand Lynn. Das erklärte natürlich alles.

Ich hatte schon lange keinen Schulhof mehr betreten. Lynn zeigte keine Hemmungen, im Rektorat zu fragen, wo sich das Mädchen aufhielt. Spanisch-Unterricht, zweiter Stock, James Hall. Doch als wir vor dem Klassenzimmer standen, traute sie sich nicht, es zu betreten.

„Geh einfach leise hinein und behaupte, daß du die junge Dame dringend sprechen müßtest", riet ich ihr.

Eine Minute später tauchte ein Hippiemädchen mit hüftlangem, rotblondem Haar in der Tür auf. Ihr Gesicht glühte vor Aufregung. Lynn erläuterte ihr bis ins kleinste Detail, wann und wie sie die Stadt verlassen wollten.

„Gib ihr meine Telefonnummer, damit sie dich heute nachmittag erreichen kann", schlug ich vor.

„O ja, gute Idee", stimmte Lynn zu und begann meine Nummer in die Klassenzimmertür zu ritzen.

„Himmel, Lynn!" zischte ich. „Warum fügst du nicht gleich hinzu: ,Wenn du Spaß willst, ruf mich an!' Dann lerne ich jeden akneübersäten Wichser dieser Schule kennen."

Schließlich war unsere Mission vollendet. Zeit, zurückzufahren und zu sehen, was die Farbe machte. Lynn fragte mich im Auto, ob ich sie schon immer gemocht hätte.

„Das weißt du doch", versicherte ich ihr. „Bloß – ich mochte Linda auch sehr, deswegen ..."

Sie fing wieder an, über Lindas Millionen von Fehlern herzuziehen – die alte Leier. Ich merkte, daß sie sich völlig vergaloppierte. Vielleicht mußte ich sie noch einmal schockieren, wie bei unserer ersten Begegnung.

„Willst du mit mir ins Bett gehen, wenn wir zu Hause sind?"

„Sofort?" Sie wurde rot wie eine Tomate. Ich amüsierte mich, weil Lynn sonst immer alles *sofort* tat. Vorausplanung war nicht gerade ihre Stärke.

„Ja, heute nachmittag, gleich jetzt. In meinem Zimmer steht nichts weiter als ein Bett, und Jill wird erst in ein paar Stunden nach Hause kommen."

Ich wünschte, ich könnte mich an jede kleinste Kleinigkeit dieses Nachmittags erinnern. Doch es gelingt mir nicht. Die Sonne schien genau auf das Bett, auf dem sie wie eine Löwin lag. Lynn war sehr stolz auf ihren Körper und ihre Kraft. Sie konnte mich hochnehmen wie ein Baby, obwohl ich viel größer bin als sie.

„Was hast du mit deinen Augenbrauen angestellt?" fragte ich, während ich mit dem Finger die komischen kleinen Halbmonde entlangfuhr, die überwiegend aus Stoppeln bestanden.

„Ich rasiere sie", klärte sie mich auf. „Weißt du, ich habe so buschige Augenbrauen, und sie gefallen mir nicht. Und ich habe keine Lust, sie zu zupfen." Es schien, daß sie nur die Haare auf ihrem Kopf mochte, denn sie rasierte sich auch den Flaum auf den Armen und die Beine, wie eine Schwimmerin.

Auf einer Seite ihres Oberkörpers, zwischen Schulter und Schlüsselbein, zog sich eine häßliche Narbe entlang. „Woher stammt die?" fragte ich. Ich wagte sie nicht einmal zu berühren, weil sie aussah, als müßte das weh tun.

Sie begann mir eine Geschichte aufzutischen, dann eine zweite. Schließlich zog sie sich das Kissen übers Gesicht, und ich nahm an, daß nun die Wahrheit kommen würde.

„Meine Knarre ... ", sie zögerte, „... ging los ... na ja, ich wollte sie mir eigentlich in den Mund halten, aber ich hatte getrunken und muß Scheiße gebaut haben."

Ich mußte sie in die Arme nehmen wie ein kleines Kind. Ich wollte sie ohrfeigen und anbrüllen, so wie sie damals Neil angefahren hatte. Aber sie hatte niemanden gehabt, die oder der ihr die Knarre aus der Hand gerissen hätte. Und Lynn war einfach nicht der Typ Frau, die ihre Feinde für ihr Schicksal verantwortlich machte.

Ich hätte gern ihr Leben saubergeleckt, doch das war unmöglich. Für einen Augenblick starrte ich sie an, als ob ich sie retten könnte, dann verwarf ich diese Möglichkeit für immer. Ich konnte keine Gnade erteilen, und es beruhigte mich, daß ich das diesmal rechtzeitig erkannte.

Ich wiegte und küßte sie statt dessen. „Ich komme nie", meinte sie. „Na ja, mit Linda hat es geklappt, aber das war was anderes."

„Ich habe schon geahnt, daß du das sagen würdest. Laß mich trotzdem ein bißchen mit dir spielen, nur so zum Spaß."

Vielleicht ließ die strahlende Sonne sie fügsam werden. Sie gab nach. Sie wand sich und verzog das Gesicht, als ich sie zwischen ihren Lippen rieb. Doch sie ließ mich gewähren.

„Ich nehme an, du machst es dir auch nie selbst", sagte ich. Sie riß die Augen auf, und ihr Gesicht verzerrte sich zu der gleichen Maske des Horrors wie damals, als ich das erste Mal in ihrer Gegenwart das unaussprechliche Wort „Lesbe" ausgesprochen hatte.

Diesmal mußte ich lachen. „Du und deine Knarre, ich und mein Vibrator ..." Ich zog meinen Zauberstab hervor, den ich eingestöpselt hatte, sobald das Bett aufgestellt war. Sie protestierte weiterhin, hielt mich aber nicht davon ab, ihn zu benutzen. Ich glaube, sie hatte beschlossen, daß an diesem einen Nachmittag alle Regeln gebrochen werden konnten.

Sie hatte helle Haut, genau wie ich, und errötete leicht, wenn sie erregt war. Ich empfand allerdings eher schwesterliche Gefühle. „Nimm ihn mit nach Arizona", schlug ich vor, als ich sie mit der Summerei zum Erschauern gebracht hatte. Ich durfte sie wieder und wieder küssen, und sie zuckte weder zurück, noch versuchte sie, die Kontrolle zu übernehmen. Wir kamen beide nicht.

In jener Nacht verließ Lynn mit Nancy, dem Schulmädchen, die Stadt. Sie bat mich, sie zu begleiten, aber ich dachte nicht im Traum daran. Es folgten viele Briefe, und immer wieder lud sie mich ein, nach New Mexico zu kommen. Als ich einige Monate später schwanger war, bestand sie sogar darauf. Wir stritten uns fürchterlich, weil ich mich zum ersten Mal weigerte, ihre Hilfe anzunehmen und ihr keine größere Beleidigung hätte zufügen können.

Eines nachts rief sie mich an, als sie völlig breit war. Ich trug mittlerweile einen Riesenbauch vor mir her und hatte überhaupt keine Lust, irgendwelche Zugeständnisse zu machen.

„Warum rufst du mich nie an?" brüllte Lynn. „Du Scheißkuh!" Sie warf mir noch ungefähr tausendmal „Scheißkuh" an den Kopf, und ich hängte ein. Scheiß irisch-katholische Kuh! Ich würde bald mein eigenes Baby bekommen, andere Babys konnte ich mir nicht leisten.

Ich liebe Lynnie. Ich weiß nicht, ob es feige war, ihr am Telefon zu gestehen, daß ich sie liebte und dann einzuhängen. Meine Mutter rief auch an, während ich schwanger war, um mich zu beschimpfen, und auch ihr schnitt ich das Wort ab, indem ich auflegte. Eine Faust macht ein blaues Auge, aber beschimpft zu werden wird mich stets mehr verletzen.

Ich liebe Lynn nicht wegen ihrer Destruktivität oder ihrer Kaputtheit, sondern wegen dieses unverwüstlichen Lebensmutes, der in ihr steckt. Ich liebe dieses großmäulige, strohköpfige Wesen und ihre Dickschädeligkeit. Ich liebe dieses kleine Mädchen, das gleichzeitig Daddy ist.

Lynn hat mir so viele Räuberpistolen aufgetischt. Sie hat mich Puppe genannt und geträllert wie ein Kanarienvogel, während sie sechs Stunden lang meine Wohnung strich. Die wahren Geschichten, die sie mir gelegentlich erzählt hat, waren das Brutalste, was ich je gehört habe. Ich hoffe, daß ich eines Tages noch einmal ein paar Worte mit Lynn wechseln kann. Ich wünsche mir, daß diese Worte sie samt ihrer rasierten Augenbrauen aufspringen und schreien lassen: „Du verdammte Scheißkuh! Ich bin endlich frei!" Und so der Himmel es will, werde ich wissen, daß sie recht hat.

Lesbische Lebenslügen

*Ein Charakteristikum des menschlichen Denkens ist, daß es versucht,
Phänomene in zwei Gruppen einzuteilen.*
*Dinge sind entweder so oder nicht so. Sexualverhalten gilt entweder
als normal oder unnormal, gesellschaftlich akzeptabel oder nicht akzeptabel, heterosexuell oder homosexuell, und viele Menschen wollen
nicht glauben, daß in diesen Dingen Abstufungen vom einen Extrem
zum anderen existieren.*

Kinsey (1953)

Versuche einmal, Lesben und AIDS in einem Satz zu erwähnen. Wenn du nicht gerade mit der Leder-Avantgarde oder einem Spürhund von den Medien redest, erntest du wahrscheinlich ein süffisantes Lächeln. Oder es entwickelt sich eine
Diskussion über Männerprobleme und Männersex. Traditionel-
lerweise denken Frauen, daß Männer sexbesessen sind. Das er-
gänzt sich hervorragend mit jenem Bild, wonach Frauen, und
vor allem Lesben, Sex auf ihr Privatleben beschränken, die Sinnlichkeit hüten und romantische Reinheit zelebrieren. Reinheit ist
nahezu identisch mit Lesbischsein. Nach herkömmlichem Verständnis kriegen Lesben kein AIDS.

Doch der Schein trügt. AIDS ruft im lesbischen Bewußtsein
starke Gefühle wach: eine unausgesprochene Angst vor männlicher Verseuchung, Mißtrauen im Umgang mit Männern und
eine Tendenz zur Verleugnung, die solchen Ängsten gewöhnlich auf dem Fuße folgt. Sobald du ein bißchen tiefer stocherst,
triffst du auf Abscheu, Verachtung und Feindseligkeit gegenüber allem Männlichen. Ein Teil dieser Ablehnung mag wohl-

begründet sein, den Rest halte ich für ein Symptom von Verfolgungswahn.

Es stimmt einfach nicht, daß Lesben persönlich vom HI-Virus niemals betroffen sind noch jemals befallen werden. 1990 reiste ich in Sachen Sexerziehung nach Kanada. Mein erster Vortrag sollte in Ottawa stattfinden. Ich wußte nicht viel mehr über die Stadt, als daß der Frauenbuchladen erst vor kurzem beschlossen hatte, seinen Bann über lesbische Erotica aufzuheben. Spezielle Informationen zum Thema Lesben und AIDS waren nicht aufzutreiben.

Das Publikum, das ich abends im örtlichen Lesbenzentrum antraf, blickte mich mit so großen reinen Augen an, daß selbst *ich* mich fragte, ob ich mit meiner Dental-Dam-Vorführung möglicherweise unschuldige Frauen verdarb. Nach meinem Vortrag saß ich auf einem Hocker, signierte Bücher und unterhielt mich dabei mit einzelnen Frauen. Die erste Frau in der Schlange wollte über die sexuelle Entdeckungslust ihrer vierjährigen Tochter sprechen. Die zweite Ratsuchende konnte ihren G-Spot um alles in der Welt nicht finden. Die dritte Frau war etwas älter als die anderen und eher konservativ in Rock und Bluse gekleidet. Sie biß sich auf die Lippen, und als sie anfing zu sprechen, brachte sie nur ein Flüstern heraus. „Meine Geliebte hat mich heute früh verlassen." Sie fing an zu weinen. Ich beugte mich näher zu ihr, so daß unser langes Haar uns wie ein Vorhang von den anderen abschirmte.

„Ich verstehe nicht recht …", sagte ich.

„Letzten Mittwoch habe ich mein Ergebnis bekommen", antwortete sie. „Ich bin … HIV-positiv … gütiger Himmel, ich weiß nicht, was ich machen soll ..."

Ich wußte mir auch keinen Rat. Im Moment jedenfalls war ich genauso verschreckt wie sie. Sie begann sich zu entschuldigen: „Vor einigen Jahren", stammelte sie, „war ich arbeitslos. Ich hätte es nicht tun sollen, aber ..."

Ich legte ihr meinen Finger auf die Lippen. „Bitte erzähle mir nicht, wo und wie du dich infiziert zu haben glaubst. Es ist mir egal. Du hast nichts Falsches getan."

Nun begann die Frau erst recht zu weinen. Bislang hatte sie es außer mir nur ihrer Geliebten anvertraut. Diese war in einen einwöchigen Schockzustand verfallen und hatte schließlich in der Nacht zuvor ihre Koffer gepackt.

Niemand hier kannte die „Vergangenheit" dieser Frau, und sie glaubte, niemandem davon erzählen zu können, weil sie fürchtete, sonst all ihre Freundinnen – alles Lesben – zu verlieren. Sie arbeitete als Erzieherin in einer Kindertagesstätte und war überzeugt, daß sie gefeuert würde, falls ihre ArbeitgeberInnen von ihrem HIV-Status erfuhren. Sie hatte im Geiste mit allen Menschen in ihrem Umfeld gesprochen und sich ausgemalt, wie abweisend sie reagieren würden.

Es war schon ein seltsames Gefühl, abgesehen von ihrer Geliebten die erste zu sein, mit der sie darüber sprach. Ich konnte ihr kaum raten, sich zusammenzureißen und nicht so zu übertreiben, denn ihre Angstvorstellungen entsprachen wahrscheinlich ziemlich genau der Realität. Ich konnte sie also nur damit trösten, daß sie auf Ausnahmen treffen würde.

„Du wirst es den anderen Menschen erzählen", sagte ich ihr. „Ich weiß, daß du das tun wirst, weil es die einzige Möglichkeit ist, damit umzugehen. Die Leute, die unter diesen Umständen zu dir halten, werden deinen neuen Freundeskreis bilden. Du wirst eine neue Familie finden – Leute, die dasselbe durchmachen wie du. Sie werden dir näher sein, als du dir vorstellen kannst, auch wenn du darunter nicht viele Lesben antreffen wirst."

Ich nahm sie ganz fest in die Arme. „Niemand kann dich aus der lesbischen Gemeinschaft ausstoßen", betonte ich. „Du lebst wahrscheinlich schon länger lesbisch als irgend jemand sonst hier!"

Darüber mußte sie lachen. Ich war erleichtert, denn ich würde meine gespielte Empörung nicht mehr allzu lange aufrechterhalten können. Und ich wollte nicht vor ihr in Tränen ausbrechen.

Schließlich verabschiedete ich mich von ihr. Eine junge blonde Studentin trat heran, um ihr Buch signieren zu lassen. „Meine neue Freundin sagt, sie kann keine Beziehung mit mir leben, solange ich mich bisexuell nenne." Ich mußte mich wirklich zügeln, um ihr Buch nicht gegen die Wand zu pfeffern.

Lesben hüten ihre sexuellen Geheimnisse voreinander oft bis zum Punkt gegenseitiger Entfremdung. Diese Geheimnisse werden hinter einer eher brüchigen Fassade feministischer Rhetorik verborgen, die aus der Zeit vor AIDS stammt und der Realität kaum angemessen ist. Auf diese Weise erzeugtes beklommenes Schweigen kann tödlich sein – es trennt eine Lesbe von der anderen. Doch der Damm ist bereits gebrochen. Vor zwei Jahren flüsterte mir eine Frau in einer kanadischen Präriestadt ins Ohr: „Freundinnen von mir sterben an AIDS." Heute höre ich dasselbe fast täglich.

Wie gelingt es einer angeblich so eng verwobenen Gruppe, ein solches Geheimnis vor ihren Mitgliedern zu verbergen? Vielleicht indem sie sich in imaginäre Fraktionen aufteilt: in „richtige" Lesben, also solche, die weder mit Männern noch mit intravenösen Drogen zu tun haben, und in „gefallene Engel". Die „richtige" Lesbe ist – wie der Kaiserin neue Kleider – kaum mehr als ein politischer Mythos. „Richtige" Lesben gehen nicht mit Männern ins Bett und spritzen sich keine Drogen. Undenkbar. Einer Lesbe, die einen *faux pas* zugibt, wird wahrscheinlich schneller ihr Lesbenprädikat abgesprochen, als Martina Navratilova ein As schlagen kann. Die Heterowelt hat sich dem Vorurteil verschrieben, daß AIDS eine schwule Seuche sei, und die Lesbenwelt erweist sich als mindestens ebenso „fremdenfeindlich" nach dem Motto: AIDS ist Männersache und geht uns nichts an.

Statistisch betrachtet, sind bislang nur vier Fälle von HIV-Übertragung zwischen zwei Frauen bekannt geworden, und dieser Befund wurde bislang hauptsächlich in medizinischen Fachzeitschriften diskutiert. Meine kanadische Bekannte würde in solchen Untersuchungen nicht als „lesbischer Fall" aufgeführt werden, weil sie sich vermutlich nicht durch lesbischen Sex infiziert hat. Besteht ein Risiko für Lesben? Nach allgemeiner Auffassung gilt, daß die durchschnittliche Lesbe eher von der Ladefläche eines Lasters fällt, als sich anzustecken.

Laßt uns dieses Bild genauer betrachten. 1987 unternahmen Forscherinnen vom Kinsey-Institut eine ungewöhnliche Expedition tief ins Herz der Vereinigten Staaten. Sie wollten herausfinden, welche Beziehung es tatsächlich zwischen Lesben und riskanten Sexpraktiken gibt. Sie fuhren mit ihrem Wohnmobil zum Michigan Women's Music Festival, auch als „lesbisches Sommercamp" bekannt. Jahr für Jahr nehmen an diesem Ereignis über 5000 Frauen teil, und in jenem Jahr füllten mehrere Hundert davon einen detaillierten Fragebogen zu ihren Sexpraktiken aus. Die Forscherinnen sortierten alle Fragebogen aus, worin Frauen sich als Bisexuelle oder Heteras bezeichneten. Sie wollten nur die Antworten von Frauen auswerten, die sich selbst lesbisch nannten. Es blieben 262 Fragebogen übrig, auf denen Lesben wichtige Geheimnisse enthüllten. 46 Prozent hatten nach 1980 Sex mit Männern gehabt. Welche Art von Heterosex hatten sie praktiziert? Ein ganzes Drittel gab an, daß es sich bei ihren Partnern um Bi-Männer oder Schwule gehandelt habe. Über 70 Prozent hatten ungeschützten Sex gehabt, bei dem auch abgespritzt wurde. Von den Lesben, die Analsex mit Männern praktizierten, hatten nur drei regelmäßig Kondome benutzt.

28 Prozent der Frauen in der Kinsey-Studie hatten sich schon seit ihrer Jugend als lesbisch definiert. Nahezu die Hälfte von ihnen hatte nach ihrem 18. Lebensjahr Sex mit Männern gehabt,

21 Prozent nach 1980, als AIDS in den Vereinigten Staaten epidemische Ausmaße annahm.

Diese Zahlen faßten die Forscherinnen in ihrem Bericht folgendermaßen zusammen: „Lesbische Frauen setzen sich im Vergleich mit Heterofrauen seltener hochriskanten Sexpraktiken aus, weil sie weniger häufig Sex mit Männern haben. Jedoch gilt zumindest für die Lesben in dieser Studie, daß im Falle sexueller Kontakte mit Männern diese verhältnismäßig oft Risikogruppen* angehören." Ganz zu schweigen von riskanten Sexpraktiken. Mit anderen Worten: Es fallen in der Tat eine ganze Menge Lesben von der Ladefläche.

Viele Lesben weisen darauf hin, wie selten HIV von Frau zu Frau übertragen wird, und schließen daraus, daß sie sich nicht zu sorgen brauchen. Die Lektion Nummer eins, die uns diese sich hemmungslos ausbreitende Krankheit lehrt, will die durchschnittliche Lesbe genausowenig kapieren wie homophobe PolitikerInnen. Eine Lesbe, die sich aufgrund von Sex mit Männern oder intravenösen Drogen infiziert hat, muß sich jetzt mit der Krankheit auseinandersetzen, und zwar in ihren lesbischen Beziehungen, in ihrem lesbischen Umfeld. Sie wird sich kaum in ein Hotelzimmer voller Jungs und Spritzbestecken einmieten, um dort ihr Leben zu beschließen.

Lesben tragen die Bürde traditionell weiblicher Reinheit im doppelten Sinne. Wie alle Frauen sind wir dazu erzogen worden, uns Wertvorstellungen wie Unschuld, Enthaltsamkeit und Sittsamkeit zu eigen zu machen. Uns wurde beigebracht, unsere körperliche Reinheit zu bewahren und sexueller Freizügigkeit zu mißtrauen. Als Lesben potenziert sich unsere Dosis konservativen Sexdenkens noch. Unsere sexuelle Präferenz wird oft mit

* Der Begriff Risikogruppe ist irreführend und sollte nicht verwendet werden, denn er impliziert, daß Angehörige bestimmter gesellschaftlicher Gruppen einem erhöhten Risiko ausgesetzt sind. Tatsächlich aber bestimmt allein das individuelle Verhalten das Risiko einer Ansteckung. (Anm. der Übers.)

einem unabänderlichem Ekel gegenüber männlicher Sexualität, deren pornographischem Ausdruck und ihren manchmal mit Krankheiten verbundenen Folgen gleichgesetzt. Dem Stereotyp zufolge werden Frauen lesbisch, weil sie Schwänze, Pornos und das ganze Drumherum satthaben.

Wenden wir uns der zweiten Gruppe von Lesben zu, die sich dem hohen Risiko gewisser Praktiken aussetzen. Während Lesben, die mit Männern ficken, den empfindlichsten Nerv der Szene treffen, gilt auch der Gebrauch von intravenösen Drogen als männliches Laster. Inzwischen nehmen unzählige Lesben an Treffen von Selbsthilfegruppen teil, um vom Alkohol, von Zigaretten, Medikamenten und „weichen" Drogen loszukommen. Obgleich also so viele von uns darauf abfahren, high zu sein, fragt sich erstaunlicherweise niemand, warum Lesben sich dann nicht auch Drogen spritzen sollten. Meinen wir, daß Lesben jede Party als erste verlassen? Niemals. Lesben haben einen so makellosen Ruf, daß wir gewöhnlich nicht mit gefährlichen Lastern in Verbindung gebracht werden. Wieder einmal holt uns das Doppelpack des konservativen Weiblichkeitsbildes ein: Wenn wir dem Mythos anhängen, daß brave Mädchen keine Drogen spritzen, dann sind Lesben die bravsten Mädchen überhaupt.

Blicken wir für einen Augenblick zurück zu den sechziger Jahren. Erinnert ihr euch, daß Drogen uns damals von unseren sexuellen Hemmungen befreien sollten? Oder welch himmlische Zuflucht Schwule und Lesben in der Hippie-Kultur fanden? Jetzt spult vor zu den siebziger und achtziger Jahren. Wurden Drogen nicht mit den androgynsten Stars der Rock- und Popszene in Verbindung gebracht? Damals gab es auch schon Lesben, und die gleichgeschlechtliche Lebensweise war genauso verbreitet wie heute. Wir wurden damals nicht ins Mädchenpensionat geschickt und auf eine gesunde Lebensweise getrimmt – wir haben zum Entstehen der Gegenkultur beigetragen, und Drogen haben immer dazugehört.

Die schwullesbische Bewegung neigte schon immer dazu, Konventionen über den Haufen zu werfen und aus der individuellen Isolation auszubrechen. Doch ironischerweise entpuppen sich die Regeln des schwullesbischen Lebens oft als genauso streng wie diejenigen, die gelten, wenn Heteros umeinander werben. Die schwullesbische Kultur hat das Gebiet, das sie sich heute erstritten hat, durch klare Grenzziehung markiert. Wenn du mit dem anderen Geschlecht ins Bett gehst (oder Drogen spritzt), hast du darüber den Mund zu halten.

Warum geht eine Lesbe überhaupt das Risiko ein, sich anzustecken? Lesben ficken mit Männern, weil es sie reizt, weil sie neugierig sind, weil ihnen danach ist, aus Trotz oder aus Sympathie. Natürlich müßten all diese Frauen der klassischen Einteilung zufolge bisexuell genannt werden. Anhand der von Kinsey aufgestellten Skala mit den Eckpolen homosexuell und heterosexuell könnten wir sie bei Werten zwischen zwei und fünf einordnen. Aber in ihrem alltäglichen erotischen Dasein identifizieren sich Menschen nicht mit dem, was die Auswertung ihres bisherigen Sexlebens auf dem Papier ergeben würde. Sie nennen sich *queer* und meinen damit eine bestimmte moderne Mischung aus dem, was sie sexuell, kulturell und politisch bevorzugen, und wem sie ihre Zuneigung schenken. Lesben müssen – wie alle anderen Menschen auch – als Individuen betrachtet werden. AIDS zwingt Lesben zuzugeben, daß selbst nur gelegentlicher Sex mit Männern (und nur gelegentlicher Gebrauch von intravenösen Drogen) sie durch die Maschen des Sicherheitsnetzes der lesbischen Reinheit fallen läßt. Lesben stehen nun vor der Wahl: Geben sie gelegentlichen Sex mit Männern zu und treffen entsprechende Vorsichtsmaßnahmen oder leugnen sie die wahre Vielfalt sexueller Aktivitäten von Lesben? Der Virus interessiert sich nicht die Bohne dafür, wie du dich einstufst – wir sprechen von einer Krankheit. Heteros hängen immer noch dem gefährlichen Irrglauben an, daß AIDS eine

Schwulenseuche sei, Lesben aber machen es keinen Deut besser: Ihren grundlegenden Glaubenssätzen entsprechend verstoßen sie HIV-positive und aidskranke Frauen als Verräterinnen, weil sie sich als schwach erwiesen haben und angeblich vom Glauben abgefallen sind. Das Konzept von der „Verseuchung" durch Männer setzt natürlich voraus, daß Lesben für deren größere sexuelle Ausstrahlung empfänglich sind.

Ich selbst hänge keinem der beschriebenen Glaubenssätze an, werde jedoch ständig an diese Vorurteile erinnert. Ich meine, daß Lesben Lesben sind, weil sie ein Begehren für Frauen empfinden, das nur durch intime Beziehungen mit anderen Frauen zu befriedigen ist. Und dies hat nichts mit Stärke oder Schwäche, mit Loyalität oder Glaubensverlust zu tun. Die lesbische Gemeinschaft setzt sich zwar für solche Beziehungen ein, aber nicht die Gemeinschaft, sondern das Begehren der Lesben sollte als Maßstab genommen werden. Lesbisches Begehren verschwindet nicht, nur weil du Sex mit einem Mann hast. Es verschwindet nicht, wenn du ein positives Testergebnis erhältst. Es vergeht nie.

Das kommt davon

Ich traf Phillip zum ersten Mal auf einer Party anläßlich der Geburt eines Kindes. Der Gastgeber führte mich auf die Veranda zu einer Gruppe von FreundInnen, die im Schatten einer Markise standen, und zeigte auf Phillip – den bestaussehenden Mann der Gruppe. „Ihr beide müßt euch kennenlernen, denn ihr habt etwas sehr Ungewöhnliches gemeinsam", erklärte David.

„Versteht er sich auch als schwangere lesbische Sexpertin?" fragte ich. Ich befand mich im achten Monat und war leicht reizbar.

„So ungefähr", flüsterte David. „Phillip ist schwul und hat gerade seine erste Affäre mit einer Frau."

Phillip umarmte mich wie eine Verbündete. Wir schauten uns in die Augen, und er sagte: „Es heißt, du betrachtest den Vater deines Babys auch nicht nur als Samenspender?"

„Na ja, im Moment reden wir gerade nicht miteinander", antwortete ich, „und wie du weißt, heißt das, daß ich ihn vor kurzem noch sehr gern hatte."

Phillip befand sich noch in dem Beziehungsstadium, wo man seine Freundin liebt und Sex mit ihr hat. Er war seit fast einem Jahr ihr Geliebter – nach einem fünfzehnjährigen Leben als Schwuler.

Die Partygäste auf der Veranda folgten unserer Unterhaltung mit gespannter Aufmerksamkeit. Mir schien, daß sie alle hetero waren. Ich konnte der Versuchung, sie zu schocken, nicht widerstehen.

„Was findest du am seltsamsten, wenn du Sex mit Männern hast?" wollte Phillip von mir wissen.

„Ich hatte nicht die blasseste Ahnung von Verhütung", antwortete ich. Die Blicke sämtlicher ZuhörerInnen senkten sich auf meinen Bauch. „Nein, ich meine schon *davor!"* stellte ich klar. „Was für eine furchtbare Verantwortung, die du jedesmal, wenn du geil wirst, berücksichtigen mußt! Seit Jahren hatte ich Sex nie mit Fortpflanzung in Verbindung gebracht, und, um ehrlich zu sein, finde ich es ziemlich bizarr."

Ein Paar verzog sich. Vermutlich hatten sie noch nie erlebt, daß jemand sie mit einem bizarren Phänomen aus der Tierwelt in Verbindung gebracht hat.

„Bevor ich den Vater meines Babys kennenlernte, hatte ich mich noch nie mit einem Mann verabredet", fuhr ich fort. „Ich war dreißig und ging zum ersten Mal in meinem Leben mit einem Mann auf einen Drink in eine Heterobar."

Phillip nickte nachdrücklich, also fuhr ich fort. „Das letzte Mal hatte ich Sex mit einem Mann, als wir tagsüber gegen Nixon demonstrierten, abends psychedelische Pilze aßen und zwischendrin fickten. Damals waren offizielle Verabredungen verpönt. Wenn dir jemand gefiel, hast du es mit ihm oder ihr getrieben. Ich hatte keinen Schimmer von modernen heterosexuellen Verführungstaktiken."

Phillip knüpfte an das Thema Sex an. „Sex zwischen Männern ist mehr von Konkurrenz geprägt", behauptete er, „denn selbst wenn beide gefickt werden wollen, bricht ein Streit darüber aus, wer zuerst unten liegt. Mit Frauen gibt es eher Spannungen über den zeitlichen Ablauf. Frauen wollen es langsamer; sie brauchen länger, um zu kommen – also üben sie in der Hinsicht Druck auf dich aus. Zwischen Männern dauert es nicht so lange mit dem Kommen, wenn erst einmal die Machtspielchen ausgetragen sind."

„Das stimmt", erwiderte ich, während ich inbrünstig an meinen Eiswürfeln saugte. „Bei einem Mann weiß ich ziemlich genau, worauf der Sex hinausläuft. Das große Ereignis heißt

Schwanz plus Möse, und nach seinem Orgasmus ist meistens so gut wie alles vorbei. Zwischen Frauen gibt es, zumindest am Anfang, kein sogenanntes Vorspiel. Du ahnst nicht, auf welche Weise du kommen wirst, welche Art von Berührung dich zum Höhepunkt bringen wird oder wie lange ihr weiterspielen werdet, nachdem du deinen ersten Orgasmus hattest. Meine Freundin Jenny sagt, daß sie es aus dem Grund nicht mit einer Frau treiben will – sie findet diese Unberechenbarkeit beängstigend."

Einer der Gäste unter der Markise unterbrach uns: „Wann erwartest du dein Baby, Susie?"

„Jede Sekunde", antwortete ich und griff nach meinem Sonnenhut. Ich hatte einen Button daran gesteckt mit der Aufschrift „Das kommt davon, wenn du Jungs küßt!".

„Hast du den auf der Gay-Pride-Demo erstanden?" fragte Phillip. Na, aber natürlich ...

Ein Jahr später hatte ich ein kleines Töchterchen und weder einen Geliebten noch eine Geliebte, aber ich hatte viel über das Thema nachgedacht. Die meisten meiner schwullesbischen FreundInnen können mit irgendeiner Art von heterosexueller Erfahrung aufwarten. Ich fragte einige, welche Unterschiede sie zwischen Sex mit Männern und mit Frauen festgestellt hätten, was – besonders für diejenigen, die seit vielen Jahren schwul oder lesbisch lebten – sicherlich eine Provokation war.

Meine Freundinnen Kitty und Marie, die ich hinsichtlich vieler Themen als eine Art Superbutch-Komitee schätze, echauffierten sich heftig darüber, daß sie „immer die ganze Arbeit hätten", wenn sie mit einer Frau ins Bett gingen. Eine Femme zu finden, die sich auf die Kunst verstünde, eine Butch flachzulegen und gebührend durchzuficken, käme der Suche nach der sprichwörtlichen Nadel im Heuhaufen gleich, klagten sie. Im Vergleich dazu empfanden sie ihre Heteroerfahrungen von vor mehr als zwanzig Jahren als Erholungsurlaub, wenngleich ohne Orgasmen. „Du läßt *sie* einfach asten und ackern", erinnerte sich Kitty.

Auch meine schwulen Freunde mit vergleichbaren Erfahrungen sparten nicht mit ätzender Kritik an ihren männlichen Liebhabern. Allerdings lag ihr Hauptkritikpunkt weniger auf dem, was *im* Bett ablief, sondern auf dem, was *außerhalb* geschah. Diese Egos! Diese Aufgeblasenheit – so groß wie ein Ozonloch! Die Bedürftigkeit, die an Manie grenzte!

Was Männer und Frauen sich da um die Ohren hauen, ist fein säuberlich nach Geschlechtsmustern aufgeteilt – unabhängig von der sexuellen Orientierung. Die stereotype Klage eines Heteromannes lautet, daß sich Frauen im Bett zu passiv und zögerlich verhalten. Dagegen verrät dir fast jede Heterofrau nach fünfminütigem Gespräch, wie sehr sie den Egozentrismus und die infantilen Forderungen der Männer verabscheut. Kurzum: Wer wen begehrt, spielt in bezug auf diese Ärgernisse nicht die geringste Rolle.

Ein Jahr, nachdem wir uns kennengelernt hatten, rief mich Phillip eines Abends an. Mit seiner Freundin war er nicht mehr zusammen, aber er schrieb an einer Story – eigentlich einem Auszug aus seinem Roman – für die Zeitschrift *Self*, und zwar darüber, was es hieß, als schwuler Mann in einer Beziehung mit einer Frau zu leben.

Ich erinnerte mich, daß es sich bei *Self* um eine Zeitschrift handelte, die von Multiple-Choice-Psychotests, die dazu dienen, herauszufinden, ob in dir eher eine ambitionierte Karrierefrau oder ein Faulpelz im Schlafrock steckt, nur so wimmelt. Ich konnte mir vorstellen, daß Phillips Roman sich aus einer Reihe von Tips zu Problemen à la „Zehn Wege zu erkennen, ob dein Geliebter schwul ist" zusammensetzt.

Phillips Roman hatte im Reich der Frauenzeitschriften so viel Stirnrunzeln ausgelöst, daß die Phil-Donahue-Talkshow ihn angerufen und als Gast geladen hatte. Sie wünschten sich einen weiblichen Gegenpart, und Phillip hatte an mich gedacht.

„Dürfen wir in schlüpfrige Details gehen, solange wir keine schmutzigen Wörter in den Mund nehmen?"

„Natürlich!" Phillip klang überaus zuversichtlich. „Das macht doch gerade den Erfolg von solchen Talkshows aus, weißt du – prickelnde Anekdoten und so. Aber wenn dich der Produzent zwecks eines Vorinterviews anruft, solltest du Antworten auf alle möglichen Fragen parat haben."

„Um ihnen zu beweisen, daß ich keine Spinnerin bin?"

„Genau."

Ich hatte noch nicht mit allzu vielen Menschen vom Fernsehen gesprochen. Aber ich hatte soviel über sie gelesen, daß mich der Schwall an schmeichelhaften Komplimenten, der sich zur Begrüßung über mich ergoß, nicht weiter überraschte. Welch einen grauenhaften Job diese Leute haben, müssen sie doch ständig so tun, als würden sie jede und jeden *absolut faszinierend* finden und alles dafür geben, an deiner Seite sitzen zu dürfen. Sie hinterlassen dir sogar ihre private Telefonnummer. Du kannst sie abends um elf zu Hause anrufen, und während du ihre Kinder im Hintergrund greinen hörst, schaffen sie es immer noch, dir Honig ums Maul zu schmieren.

„Wir sind ja so *glücklich,* Sie bei unserer Show dabeizuhaben!" Abby, die Produktionsassistentin, überschlug sich fast. „Phillip hat gesagt, daß Sie einfach *wunderbar* sind!"

Ich wollte gleich zur Sache kommen. „Ich nehme an keiner Bibel-Show teil", erklärte ich ihr. „Ich möchte mich weder zu Adam und Eva noch zu Adam und Stefan äußern. Ich möchte ausschließlich über Sex diskutieren – über die körperlichen und emotionalen Unterschiede zwischen Sex mit Männern und Sex mit Frauen."

„*Unbedingt!"* meinte Abby. „Genau deshalb sind Sie *goldrichtig!"*

„Die körperlichen Unterschiede sind offensichtlich", fuhr ich fort, „aber es wird fast nie über die weniger offensichtlichen Folgen gesprochen, die sich aus diesen Unterschieden ergeben."

Abby hörte auf zu kreischen und begann sich Notizen zu machen.

„Ich bin sehr groß und war noch nie mit einer Frau zusammen, die größer war als ich", erzählte ich ihr. „Die meisten Männer, mit denen ich zusammen war, hatten etwa meine Größe, aber sie waren stärker. Bei Männern kann ich automatisch voraussetzen, daß ich rauher mit ihnen umspringen kann. Ich kann sie im Spaß oder beim Vorspiel herumstoßen, sie packen oder herumreißen, ohne zu befürchten, daß ich ihnen weh tue oder Angst einjage.

Obwohl viele Frauen auch auf Balgen und weniger sanften Umgang stehen, mußt du das bei ihnen Schritt für Schritt austesten. Weil ich immer die Größere bin, verhalte ich mich vorsichtiger und sanfter. Sie lösen bei mir Schutzgefühle aus, die ich Männern gegenüber nie empfinde."

Abby murmelte: „Mmhmmm", ohne Ausrufungszeichen. Vielleicht waren meine Überlegungen nicht sexy genug für sie.

„Nipples sind auch so eine Sache", fuhr ich fort. „Bei einer Frau setzt du automatisch voraus, daß sie ihre Brüste gestreichelt und gesaugt haben will. Bei den meisten Schwulen ist das ähnlich. Der durchschnittliche Heteromann aber muß zuerst einmal das Gefühl überwinden, daß er pervers ist, wenn er es genießt, daß ich mich seinen Nipples widme. Wenn es ihn sexuell erregt, kommt er sich vor wie eine Frau. Statt seine Gefühle normal zu finden, stellt er seine Männlichkeit in Frage."

„Wow, das klingt *ausgezeichnet!*" japste Abby. Ich hatte endlich das richtige Schmieröl gefunden.

„Eine letzte Sache noch", sagte sie. „Ich suche noch ein Paar, das über solche Erfahrungen berichten könnte. Ich würde gern wissen, wie sie das Problem in ihrer Beziehung gelöst haben, egal, ob sie bisexuell leben oder nicht."

Das enttäuschte mich ein wenig. Ich hatte gehofft, daß Phillip und ich die ganze Talkshow schmeißen könnten. „Die meisten

Paare, die ich kenne, wären nicht bereit, in einem landesweiten Fernsehprogramm über ihr Sexleben zu reden", sagte ich. „Aber ich werde darüber nachdenken."

Ich rief Phillip an, um ihn zu fragen, was er anziehen würde.

Als wir ankamen, war New York ein einziger schwitzender und stinkender Moloch. Ich hatte Arethas Vater, Carter, als Babysitter mitgeschleppt. (Inzwischen sprachen wir wieder miteinander, gingen aber nicht zusammen ins Bett.) Zwar erwartete uns eine Limousine der Donahue-Talkshow am Flughafen, aber ihre Klimaanlage war kaputt. Und das natürlich mitten in der Rush-hour.

Carter hatte einer seiner Exfreundinnen weisgemacht, daß er zur Donahue-Show eingeladen sei, um seine Haltung gegenüber Frauen kundzutun. Er zeigte mir einen elfseitigen Brief, in dem Jennifer ihn anflehte, die Sache noch einmal zu überdenken. Sie war davon überzeugt, daß die Donahue-Show Carter nur einge-laden hatte, weil er sich mit seiner neo-chauvinistischen Einstel-lung garantiert zum Affen machen würde.

„Auf jeden Fall hat Jennifer die Geisteshaltung solcher Talk-shows kapiert, die da lautet: Führe die Ahnungslosen vor!" sagte ich. Ich hatte mich innerlich gewappnet, daß sie auch für mich noch eine Fiesheit in petto haben würden. Die Frage war nur, als wie entnervend und peinlich sich das Szenario entpuppen würde.

Phillip lebt in New York und hatte am nächsten Morgen nichts weiter zu tun, als sein Haar fünfzigmal zu bürsten, bevor ihn die Limousine zur Show abholte. Ich hatte darauf bestanden, daß Carter und Aretha sich während der Show hinter den Kulissen aufhalten durften, daher konnte ich mich mit dem Zusammen-packen der Babytasche ablenken, bevor der Wagen uns vom Hotel abholte. Es handelte sich dabei um eine dieser langen Limousinen mit zwei gegenüberliegenden Sitzreihen im Fond.

Aber nicht etwa Phillip räkelte sich auf dem Rücksitz, sondern ein sehr blonder Mann mit sehr roten Ohren mitsamt seiner Begleiterin, die nicht minder rot und außerdem hochschwanger war.

Das also war das Haar in der Suppe.

Das Paar sprach nicht ein einziges Wort. Ich stellte mich ihnen vor, als ob wir einfach ein Taxi miteinander teilten.

Langsam tauten sie auf.

„O ja, wir sind auch als Gäste zur heutigen Show geladen", zwitscherte Frauchen. „Wir haben schon viel über Sie gehört." Die Suppe würde gleich überkochen.

Männe ergriff das Wort: „Ich heiße Jim, und das ist meine Frau Anna. Wir sind Mitglieder von Exodus."

Damit war alles gesagt. Exodus ist eine religiöse Gemeinschaft, die sündige Homosexuelle zu gottesfürchtigen ChristInnen umerziehen will und eine Menge Wirbel in der Öffentlichkeit veranstaltet.*

„Ich wußte nicht, daß Exodus auch in New York aktiv ist", sagte ich, während ich auf meine Knie starrte und mich fragte, wie sie bloß in die Lage geraten waren, sich fast an denen eines wiedergeborenen Fundamentalisten zu reiben.

„O nein, wir kommen aus Florida", berichtigte Frauchen. Ihr schien leicht unwohl zu sein.

„In welchem Monat sind Sie denn?" fragte ich.

„Im sechsten."

Als ich im sechsten Monat war, wäre es mir nicht im Traum eingefallen, mich in die Phil-Donahue-Show zu schleppen und an einer hitzigen Debatte teilzunehmen. Mein Blick wanderte noch einmal zu Männe. Er schien sich mit Bedacht so gekleidet

---

* Exodus büßte allerdings eine Menge an Glaubwürdigkeit ein, als die beiden Begründer 1993 austraten und sich öffentlich zu ihrer schwulen Beziehung bekannten. (Anm. der Übers.)

zu haben, daß er eine gute Heterofigur abgab, konventionell, aber nicht ohne Chic. Dunkellila Seidenhemd, schwarze Krawatte und Hosen aus Wollstoff. Frauchen glänzte ebenfalls seidig – in Pastelltönen und Goldschmuck.

Die Luft im Wagen war erstickend. Meine schweißnassen Schenkel klebten am Sitz. Ich konnte meine Möse riechen. Frauchen schien etwas sagen zu wollen.

„Wir verstehen uns als Missionare!" brachte sie schließlich über die Lippen.

Unglaublich. Warum hielt ich mich immer noch an die Regeln der Höflichkeit? Bloß weil wir in derselben Zirkusnummer auftreten sollten?

Im NBC-Studio flog uns Abby entgegen und begrüßte uns mit Zahnpasta-Lächeln und schwingendem Haar.

„Sie haben mir nichts von den Missionaren gesagt!" beschwerte ich mich.

„Ach nein? Das tut mir aber leid!"

Im allgemeinen erkenne ich eine Drohung auf Anhieb, egal wie überschwenglich sie verpackt ist. Mein Verarschungsdetektor leuchtete hell auf und übersetzte: „Jetzt ist es zu spät für einen Rückzieher! Wage es bloß nicht, unsere Show zu gefährden!" (Aber den größten Irrglauben, so mußte ich hinterher feststellen, hatte ich mir selbst zusammengebastelt, indem ich annahm, daß die ZuschauerInnen nach meinem Auftritt losrasen würden, um mein Buch zu erstehen.)

Ich hörte die Publikumsanimateure draußen im Live-Studio. Sie jagten den Adrenalinspiegel der zweihundert eifrigen Donahue-Fans bis zum Anschlag hoch und übten Applaudieren mit ihnen. Während das Missionarspärchen, Abby und ich in der Nähe des Vorhangs warteten, kam Phil Donahue höchstpersönlich auf uns zu. Er war groß und ganz der Star. Wir sollten unsere guten Manieren am Bühneneingang abgeben, riet er uns: „Nur immer raus damit, mischen Sie sich rückhaltlos ein, platzen Sie mit allem raus, was Ihnen in den Kopf kommt. Sitzen Sie um Himmels willen nicht andächtig da!"

Das grüne Licht leuchtete auf – Showtime! Das Publikum raste. Ich schickte mich an, die Bühne zu betreten, doch die gute alte Abby hielt mich zurück.

„Ich vergaß, Ihnen eins zu sagen", raunte sie mir zu. „Sprechen Sie nicht über *Nipples* oder *härtere Sexspiele* – Phil mag das nicht."

Phil mag keine Nipples? Das Publikum im Fernsehstudio kreischte – sie haben tatsächlich jemanden angestellt, der dafür sorgt, daß die Leute ununterbrochen toben. Auf der Bühne befanden sich vier orangefarbene, miteinander verbundene Stühle – viel zu klein für erwachsene Menschen. Frauchen saß am einen Ende der Reihe, daneben ihr „nicht mehr homosexueller" Gatte, an seiner Seite – zum Küssen nah – ich selbst und neben mir schließlich Phillip. Wir beide hatten ein ganz schönes Stück Arbeit vor uns, falls wir Sex in dieser Talkshow auch nur mit einem Wort erwähnen wollten. So sehr mir ihre Anwesenheit auch gegen den Strich ging, wirkten die beiden wiedergeborenen ChristInnen doch so zerbrechlich wie rohe Eier, und ich sorgte mich, daß sie vor Ablauf der Sendung bersten könnten.

Anna schilderte lang und breit, daß sie dem Herrn dienen wolle, dem Herrn, den sie „durch Jesus Christus erkannt hatte". Was sollte das bedeuten? Ich fühlte mich an einen gewissen Gebrauchtwagenverkäufer, den Prototyp für marktschreierische Werbung erinnert und war versucht zu sagen: „Ich habe den Herrn durch Ralph Williams erkannt!"

Jim erzählte, wie er schließlich von seinem Leben voller homosexueller Perversionen Abstand genommen und das wahre Licht gefunden hätte. Wäh-rend einer Werbepause fragte er mich, ob ich als Kind mißbraucht worden sei.

Wenn ich schon keine Nipples und keinen wilden Sex erwähnen durfte, wollte ich wenigstens ein paar schwierige Fragen stellen. Ich fiel Donahue ins Wort, der bereits genügend leeres Stroh gedroschen hatte, um eine ganze Scheune zu füllen.

„Anna, ich möchte Sie etwas fragen." Ich blickte ihr direkt in die unschuldigen Augen. „Gibt es an Ihrem Mann irgend etwas, das ihn von Heteromännern unterscheidet, weil er früher schwul gelebt hat, und das Sie fasziniert?"

Ich ahnte nicht, welche Bombe ich damit gezündet hatte. Anna antwortete mit brüchiger Stimme: „Jim ist sehr sensibel und künstlerisch interessiert. Aber das hat nichts, aber auch gar nichts mit seinem früheren Leben zu tun!"

Ich wandte mich Phillip, meinem Verbündeten, zu: „Und deine Freundin? Findet sie irgend etwas besonders gut an dir, weil du schwul bist?" fragte ich ihn.

Das war sein Stichwort: „Ja, in der Tat. Denn genau wie eine Frau weiß auch ich, wie es ist, wenn jemand in dich ... *eindringt,* nicht nur im körperlichen, sondern auch im emotionalen Sinn."

Diesmal kreischten die ZuschauerInnen los, ohne souffliert bekommen zu müssen. Die Hälfte der Frauen im Publikum verlangte wahrscheinlich verzweifelt danach, mit Phillip zu ficken, und die Hälfte der Männer, ihn umzubringen.

Eine junge Frau erhob sich und richtete eine Frage an mich: „Angesichts Ihrer Einstellung zum Sex – wie wollen Sie Ihrem Kind beibringen, mit diesen Dingen umzugehen?"

Das war mein Stichwort: „Es ist Ihnen sicher aufgefallen, daß wir während dieser ganzen Talkshow problemlos sehr persönliche Themen wie Gott und Religion diskutieren konnten, uns zum Thema Sex hingegen ausgeschwiegen haben, weil wir nicht fähig sind, darüber zu sprechen. Ich hoffe, meiner Tochter die Art von Sexerziehung zukommen zu lassen, die mir als kleinem Mädchen vorenthalten wurde. Ich wünsche mir, daß sie Menschen aller sexuellen Orientierungen kennenlernt und daß sie, wenn sie erwachsen ist, weder vor Lachen noch vor Peinlichkeit zusammenbricht, wenn das Thema Sex aufkommt."

Nun klang meine eigene Stimme brüchig. Das Ende der Talkshow war abzusehen. Ich erinnere mich kaum noch an die letzten Publikumskommentare, außer an den Gockel, der aufstand und forderte, ich solle aufhören, heterosexuellen Geschlechtsverkehr runterzumachen und es lieber mal ausprobieren. Mann, ich hätte es auf der Stelle ausprobiert, aber ich steckte in diesen Babyfolterstühlen fest. Als der Abspann schon lief, sprang eine junge Frau auf und wollte wissen, ob Phillip und ich uns schon überlegt hätten zu heiraten. Na ja, eigentlich ist er nicht mein Typ, auch wenn wir natürlich einiges gemeinsam haben, wo er doch weiß, was es heißt, wenn jemand in dich „eindringt" ...

Nein, gesagt habe ich das nicht. Wir wurden nicht einmal die Hälfte dessen los, was wir vor der Sendung besprochen hatten. Phillips provokative Behauptung, daß du die schwule Perspektive samt ihren Gefühlen nie verlierst, auch wenn du dich heterosexuellen Praktiken zuwendest, berührt schon die Grenzen der Queer-Philosophie, ganz zu schweigen von den Grenzen der Zeitschrift *Self*. Einst galt die schlichte Regel: Wer gleichgeschlechtliche PartnerInnen vorzieht, ist lesbisch oder schwul. Inzwischen aber ist die Sache mit der schwullesbischen Identität weniger eindeutig – sie reicht von Schwulenmuttis wie Anna bis zu gefeierten Lesbenstars samt Baby und Ex-Freund hinter der Bühne.

Als die Kameras ausgeschaltet waren, trat eine ältere Frau aus Haiti auf mich zu und nahm mich durch ihre schrille Brille näher in Augenschein.

Sie war kürzlich immigriert und fragte mich in gebrochenem Englisch: „Woher wissen Sie über Sex? Wohin gehen Sie, als Frau, um mehr über Sex zu erfahren?"

Ich freute mich über ihr Interesse und schrieb ihr einige Kontaktadressen auf. Aber die Frage, die sie gestellt hatte! *Wo gehen wir hin?* Warum fällt es uns so schwer, über Nipples und Orgasmen und Genderfuck zu reden und darüber, warum es Spaß macht, sich miteinander auf dem Boden herumwälzen, ohne uns vorher zu zensieren oder um Erlaubnis zu fragen? Phil Donahue hat nicht die leiseste Ahnung ... und ich warte nicht auf die nächste Einladung.

Von Wetterfahnen und dem grünäugigen Monster

Der bisexuelle Traum: eine Liebende in vollkommener Harmonie mit beiden Seiten der menschlichen Natur, sensibel für männliches und weibliches Begehren, sich in der Sinnlichkeit beider Geschlechter aalend.

So stellte ich mir das vor, als ich zum ersten Mal in Betracht zog, bisexuell zu sein. Ich war sechzehn und gerade zum ersten Mal geküßt worden. In meinem Fall war es sozusagen eine doppelte Einführung. Ich saß auf dem Bett des Jungen von nebenan und küßte meine allerbeste Freundin. Anschließend drehte ich den Kopf und küßte den Jungen. Schließlich landeten wir alle drei im Bett. Ich schnurrte zufrieden wie eine Katze, die gerade den Sahnetopf ausgeleckt hat.

Mein erstes Mal deckte sich sehr mit meinen politischen Idealen. Ich glaubte, daß wir in Ruhe, Frieden und einem Zustand endloser Geilheit leben könnten, wenn wir uns alle nur auf ein großes Wasserbett legen, einen Joint rauchen und unsere Nasen aneinander reiben würden – mein Lösungsvorschlag für die Probleme der Welt. Doch bald darauf wurde meine Nase in die Jauchegrube des Egoismus und des grünäugigen Monsters namens Eifersucht getaucht, die sich menschliche Natur schimpft.

Ich hatte mein Coming-out als Bi-Frau, bevor es eine „Bi-Bewegung" überhaupt gab, bevor die Silbe „Bi" an schwul-lesbische Demos, Zentren und Sportvereine angehängt wurde. Mit sechzehn wäre ich begeistert eingetreten. Es hätte mich gefreut, ein politisches Programm zu entdecken, das mit meinem Schlafzimmerverhalten übereinstimmte.

Es ist hinlänglich bekannt, was die Bi-Bewegung über „Bi-Phobie" denkt. VerhaltensforscherInnen wissen, daß die menschliche Sexualität von ausgeprägt homo bis ausgeprägt hetero eine große Spannbreite umfaßt. Die meisten Menschen fallen in den mittleren Bereich des Spektrums.

Bisexuelle AktivistInnen, die als „infantil" oder als „Wetterfahnen" beschimpft, von Lesben und Schwulen als „VerräterInnen" und von Heteros als „Perverse" verurteilt werden, fordern beide Seiten dazu auf, Vernunft anzunehmen und der Realität ins Auge zu sehen.

Fünfzehn Jahre nach meinem Coming-out tauchten die ersten Transparente auf, auf denen die Anerkennung der Bisexuellen gefordert wurde. Ich las die zehn oder zwölf Punkte der Forderungskataloge und nickte mechanisch. Aber ich engagierte mich nicht. Auf keiner Demo schloß ich mich dieser Gruppe an, fuhr auf keinem ihrer Wagen in der Parade mit. Die bisexuelle Bewegung als solche läßt mich kalt, genauso wie der größte Teil der politischen schwullesbischen Gruppierungen, aus denen sie sich entwickelte. Wie kommt das?

Als ich in den frühen siebziger Jahren zum ersten Mal meine Bisexualität öffentlich machte, ließ ich mich von den Altlesben einschüchtern, die mit spitzen Fingern auf mich zeigten, mich als Judas brandmarkten und mich beschuldigten, von heterosexuellen Privilegien zu profitieren. Zu der Zeit besaß ich noch nicht einmal das Privileg, eine Beziehung zu leben, und hatte in meinem ganzen Leben nur etwa ein dutzendmal Sex gehabt. Doch ich war den Grundsätzen der feministischen und schwullesbischen Bewegung verbunden. Der Gedanke, im oder außerhalb des Bettes etwas zu treiben, was unserer Sache schadete, stürzte mich in einen heftigen Gewissenskonflikt.

Wenn ich heute auf meine sexuelle Lebensgeschichte zurückblicke, fällt mir auf, daß ich meistens Beziehungen mit Leuten eingegangen bin, die sich heimlich von meiner Bisexualität angezogen und nicht abgestoßen fühlten. Einige davon brachten mich in dieser Hinsicht weiter, andere erhielten Impulse von mir. Ich war mit Menschen intim, die Verständnis für ihre Fähigkeit suchten, mehr als eine Person gleichzeitig zu lieben. Ich wurde von Männern geliebt, die sich von anderen Männern angezogen fühlten und ihre eigene Weiblichkeit akzeptierten. Die Frauen, die mich begehrten, schätzten meine Anziehungskraft auf Männer, denn dieselben Qualitäten sprachen auch sie als lesbische Frauen an. Ich wurde von Butches, Perversen, Bohemiennes, Charmeuren und zu latenter letzt auch von Bisexuellen geliebt.

Ich geriet immer wieder in Schwierigkeiten, weil ich von der schwullesbischen Bewegung eine Willensbekundung dahingehend forderte, daß sie Bisexuelle – oder besser sämtliche sexuellen AbweichlerInnen – als Teil der Familie willkommen heißen. Einmal verfaßte ich sogar ein entsprechendes Grundsatzpapier für eine schwullesbische Tagung, die 1980 anläßlich der Bekämpfung der homophoben „Moral Majority" stattfand. Es hätte nicht viel gefehlt und ich wäre buchstäblich aus dem Saal geflogen.

Stell dir vor: Niemand bekommt eine schriftliche Einladung. Wenn du am schwullesbischen Leben teilhaben willst, setzt du dich mit deinem Hintern mittendrein. Und du stehst nicht einfach auf und verziehst dich, nur weil dich jemand nicht leiden kann. Schwullesbisches Leben ist kein Zuckerschlecken – eher schon ein Gang über glühende Kohlen.

Der politische Anspruch, schwullesbische Rechte mit den Rechten sexueller Minderheiten zu einer großen sexuellen Befreiungsbewegung zu verbinden, schafft merkwürdige BettgenossInnen. Es ist völlig berechtigt, die Abschaffung von Vorurteilen zu fordern. Doch von uns als sexuellen Wesen zu verlangen, daß wir uns in die rapide implodierenden sozialen Kategorien schwullesbisch, hetero oder bi einordnen, halte ich für widersinnig. Als ob wir unser Sexverhalten auf einer peinlich genauen, vorhersehbaren Kurve einzeichnen könnten!

Eine echte sexuelle Befreiungsbewegung beschränkt sich nicht auf stolzes Selbstbewußtsein. Sexuelle Emanzipation erzeugt unerträgliche Gefühle in unseren Herzen, auf die niemand stolz ist: Eifersucht, sexuelle Scham und eine schwer kontrollierbare Neigung zum Risiko. Bisexualität verschärft diese Thematik ganz brutal, weil sie alle möglichen Vorurteile, die zwischen und unter Männern und Frauen herrschen, provoziert.

Erzähl mir nichts von schwullesbischem oder Bi-Stolz. Liebe kennt keinen Stolz – das hat die Wirklichkeit bewiesen. In jungen Jahren hat mich das Verhalten der politischen ZirkusdirektorInnen, die nicht mit mir arbeiten, reden oder ficken wollten, weil ich mich als bi verstand, sehr verletzt. Inzwischen sind diese Wunden verheilt, weil ich mit ihnen allen geredet, gearbeitet und gefickt habe. Ich kenne ihr Geheimnis: Sie begehren, was sie verdammen.

1978 sprach ich zum ersten Mal öffentlich über meine Bisexualität, und zwar in einem Seminar zum Thema „Die Lesbe", an der California State University in Long Beach. Meine Hände flatterten, als ich mich an die etwa zwanzigköpfige Frauenrunde wandte. Die Musikkapelle der Universität spielte direkt unter dem Fenster die vaterländische Hymne „America the Beautiful".

Nach meinem Vortrag herrschte tiefes Schweigen. Schließlich hob die Wortgewandteste von allen, eine rothaarige Studentin älteren Semesters, ihres Zeichens Oberlesbe mit makellosem feministischem Leumund, eine Augenbraue und verkündete mein Todesurteil: „Wie kannst du erwarten, daß dir auch nur eine prinzipientreue lesbisch identifizierte Frau vertraut, wenn du weibliche Energie und lesbisches Wissen an unsere Unterdrücker weitergibst?"

Ich starrte sie an wie ein Hase, der mitten auf der Straße im Scheinwerferlicht gefangen ist. Diese Frage konnte ich nicht beantworten. Tränen traten mir in die Augen. Ich erwartete gar nicht, daß mich irgend jemand liebte oder mir vertraute. Mein sexuelles Selbstvertrauen war reine Theorie. Ich war bislang nur mit ganz gewöhnlichen Teenagerinnen im Bett gewesen, die vermutlich dachten, ich sei diejenige von uns beiden, die sich lesbisch-feministischen Prinzipien verpflichtet fühlt. Beim Sex füllte sich mein Mund mit dem Honig ihrer Lippen und Mösen. Zwischen unserem liebevollen, romantischen Beisammensein und dieser Inquisition im Neonlicht lagen Welten. Damals konnte ich nicht ahnen, daß ich mir eines Tages als lesbische Sexpertin einen Namen machen würde, während jener Rotschopf mit ihrem Ehemann und zwei Kindern in einem Vorort von Chicago lebte. Meine damalige politische Haltung ließ den wichtigsten Grundsatz außer acht: Denkste!

So sehr mich die Anklagen von Schwulen und Lesben verletzten, so empfindlich reagierte ich auf die alltägliche heterosexuelle Arroganz. Ich mochte nie gern von meiner Bisexualität erzählen. Heteromänner interpretierten es als Anmache und Eigenwerbung. Da zog ich es doch vor, daß sie schon aus zwei Kilometer Entfernung meinen Lesben-Button lesen konnten. Die Lesben hingegen nahmen an, daß ich ein Spielchen spielte. Falsch. Latente Lesben verstanden meine Bisexualität als Einladung, sich darüber auszulassen, wie abstoßend sie „echte" männerhassende Lesben fanden. „Oh, tut mir leid", hätte ich in solchen Momenten am liebsten gesagt. „Ihr habt mich falsch verstanden. Ich bin eine männerhassende Bi-Frau."

Aber ich hielt den Mund. Abgesehen von wenigen Ausnahmen erzählte ich allen, ich sei lesbisch. So bedeutsam schien mir der Unterschied nicht. Zehn Jahre lang beschränkten sich meine leibhaftigen sexuellen Begegnungen mit Männern auf sporadische und etwas merkwürdige Abenteuer. Einmal um Weihnachten herum fickte ich zum Beispiel mit dem Typen von UPS, der meine langweilige Arbeitsstelle mit Paketen belieferte. Ein anderes Mal verbrachte ich die Nacht mit einem der politischen Helden meiner Jugend, einem achtundsechzigjährigen Mann, der einst einen Hafenarbeiterstreik geführt hatte und jetzt an Diabetes erkrankt war. Er kriegte keinen hoch, was ihm sehr zu schaffen machte. „Das ist nicht weiter schlimm", tröstete ich ihn. „Ich bin lesbisch und erwarte das nicht unbedingt. Ich möchte einfach bei dir sein." Diese Nähe mit ihm zu spüren empfand ich als Privileg.

Mittlerweile habe ich begriffen, daß die Sprüche vom „Heteroprivileg" ganz und gar nicht mit dem Luxus oder der Ehre zusammenhängen, mit meinem Unterdrücker – oder Mentor – ins Bett zu hüpfen. Vielmehr handelt es sich dabei um eine intellektuell verbrämte Umschreibung des Schmerzes, den der Verlust deiner Geliebten an einen Mann auslöst. Ich habe jede einzelne demütigende Szene in diesem Seifenopernskript schon durchgespielt. Ich bin neben Frauen aufgewacht, die mir nicht in die Augen sehen konnten, nachdem sie sich die ganze Nacht an mich geklammert hatten, und jetzt nichts anderes im Sinn hatten, als sich so schnell in die Arme ihrer Liebhaber zu flüchten, daß sie dabei über ihre eigenen Schnürsenkel stolperten.

Eines denkwürdigen Abends beobachtete ich bei einer Party, bei der der Alkohol in Strömen floß, wie meine Geliebte Sherry mit einem meiner Mitbewohner, einem großen blonden Kerl, der mich um dreißig Zentimeter überragte, in einem Schlafzimmer verschwand. Ich preßte mein Ohr gegen die Tür und blendete den B 52-Song aus, der im Hintergrund plärrte. Ich hörte, wie sie miteinander vögelten, und konnte es kaum glauben. *Why don't you dance with me?* Ich war so schockiert, daß ich den Mut aufbrachte, das Zimmer zu betreten. „Sherry?" rief ich in Richtung der blonden Mähne, die über dem Bett hing. Ihr schmaler Körper war unter seinem verschwunden. Es war ein Wunder, daß sie mich nicht hörten, so nah war ich an sie herangetreten. Ich wandte mich schließlich ab, zog die Tür hinter mir zu und

beschloß zu warten – notfalls die ganze Nacht –, bis sie heraus-
käme und ich sie zur Rede stellen könnte.

Gegen vier Uhr morgens wankten einige Neuankömmlinge
mit einem frischen Faß Bier zur Tür herein. „Hey, deine Freundin ist gerade aus dem Schlafzimmerfenster gesprungen. Was
ist denn mit der los?"

Ich rannte aus dem Haus, aber das einzige, was ich von Sherry
sah, war ein kleiner Abdruck im Rasen, wo sie gelandet war.
Everybody goes to parties, they dance this mess around ...

Heute arbeitet Sherry an der New Yorker Börse und lebt als
Butch seit zehn Jahren mit derselben Frau zusammen. Aber
glaub mir, die Nacht damals war hart!

Ich würde dem Rotschopf aus dem Lesben-Seminar gern wie-
derbegegnen, um ihr diese Geschichte zu erzählen. Sherry hatte
mich betrogen – nicht die Homosexualität, nicht das lesbische
Imperium. Sie machte für diesen Typ die Beine breit; ich stand
reglos daneben und sah ihnen zu. Sie flüchtete aus dem Fenster,
ich heulte, und wir fingen noch einmal von vorne an. Wir sind
zu jedem Betrug und jeder Versöhnung fähig.

Ich nehme meine Bibel in die Hand – Roland Barthes' *Frag-
ments d'un discours amoureux* oder „Disco der Liebe", wie ich es
gern nenne. „Das Gefühl einer Häufung von Liebeskümmer-
nissen zerbirst in dem Aufschrei: ‚Es kann nicht, es kann nicht
so bleiben ...'" Kann es doch. „Nichts glückt, aber es geht stets
weiter."

Ich konnte mir nicht vorstellen, wie ich weiterleben sollte,
nachdem Sherry mich verlassen hatte. Das Gefühl, das du hast,
wenn du eine Frau an einen Mann verlierst, kommt der bren-
nenden Scham in deiner Kindheit nah, als du von den anderen
gehänselt wurdest. Du fühlst dich unfähig, bist außerstande, um
sie zu kämpfen, und gleichzeitig wird dir übel, wenn du nur daran denkst, dich mit ... *dem da* zu vergleichen. Nicht unbedingt
mit *dem Ding da* zwischen seinen Beinen, sondern mit dem Ding

da zwischen seinen Ohren, aufgrund dessen sich jeder Mann für Gott hält.

Später verließ ich selbst einmal meine Freundin, weil ich mich in einen Mann verliebt hatte. Als ich die Anhöhe zum Auto hochlief, das mit dem halben Mobiliar vollgestopft war, brüllte sie mir als härtesten Vorwurf nach: „Du hast wohl mit deinem Liebhaber schon gefickt!" Volltreffer.

Ja, ich hatte, und ich würde es noch oft mit ihm treiben. Ich wollte zurückbrüllen: „Du kapierst es nicht, du wirst es nie begreifen!"

War sie denn noch nie von einer so wilden Lust überwältigt worden, daß sie all ihre Grundsätze, Überzeugungen und moralischen Prinzipien in den Wind schrieb? Natürlich kannte sie dieses Gefühl. Immerhin war sie zwölf Jahre älter als ich. Sie begriff sehr wohl, was los war, im Gegensatz zu mir.

Sich der Lust hinzugeben heißt einen Zustand der Panik, eine Art körperlicher Notsituation auszurufen. Ich schämte mich, weil ich meine Geliebte verließ, die mich mit ihrer Hand in den Arsch gefickt hatte, den Geschmack jeder meiner Körpersäfte kannte, mich wieder und wieder an den Rand der Klippe geführt und mich so geliebt hatte – wie konnte ich ihr das antun?

Sieh mich an – und beobachte dich selbst dabei, wenn du meinen Fußstapfen folgst, jenen Schritten, die unbeirrbar in jene dunkle Gasse führen, in die wir uns vor solchen Verletzungen flüchten. Ich wollte nie hetero sein. Ich war mit meiner Bisexualität zufrieden gewesen, solange Männer nur am Rande auftauchten. Doch als ich mit diesem Kerl fickte, beging ich einen Akt größter Perversion.

In meiner Scham griff ich wieder einmal zu „Disco der Liebe" und setzte mich aufs Klo: „Wenn der Überschwang dahin ist, bin ich auf die allereinfachste Philosophie reduziert: auf die der Ausdauer (als der natürlichen Dimension der wirklichen Anstrengungen). Ich dulde, ohne mich abzufinden, ich harre aus, ohne mich zu gewöhnen: immer verzweifelt, nie entmutigt; ich bin eine Daruma-Puppe, ein Stehaufmännchen ohne Beine, dem man unablässig Nasenstüber verpaßt, das aber *letztlich* doch zu seiner aufrechten Haltung zurückfindet, die durch einen Kegel im Inneren gewährleistet bleibt (was aber ist mein Kegel? die *Stärke* meiner Liebe?) ...

,So ist das Leben:
Siebenmal hinunter,
Achtmal hinauf!'"

Verstandesmäßig betrachtet, ziehen wir stets die Angehörigen unseres eigenen Geschlechts vor, auch wenn wir keinen Sex mit ihnen haben. In dieser Hinsicht unterscheiden sich Bisexuelle nicht von allen anderen. Sie haben nur öfter Gelegenheit, das Schauspiel von außen zu betrachten. Mit dem anderen Geschlecht zusammenzusein ist nie „besser"; es ist ein klassischer Kompromiß, so verlockend er auch sein mag. Manche halten es für „Feminismus", wenn Frauen Frauen bevorzugen, und für „Chauvinismus", wenn Männer sich zu Männern hingezogen fühlen. Doch die Vorurteile reichen weiter zurück. Für deinen Gegenpart empfindest du immer leichte Geringschätzung. Ich vermag an die Liebe und mehr noch an die Lust zu glauben, aber niemals an die Gleichheit zwischen den Geschlechtern.

Doch die Eifersucht macht alle gleich. Sicherheit und Ausschließlichkeit – so oft versprochen wie gebrochen – stehen hoch oben auf der Wunschliste aller Liebenden. Ich verabscheue Eifersucht und kann sie doch nur mit strenger Disziplin unter Kontrolle halten. Sie ist wie eine Haut, derer ich mich nicht entledigen kann.

Ich suche nach Geliebten, die meine Bisexualität nicht als Bedrohung empfinden, die nicht fürchten, daß ihre Liebe zu mir in stetem Wettstreit mit ihrem Geschlecht steht. Diese Angst ist die eigentliche Reaktion auf Bisexualität, nicht politische

Thesen. Wenn ein bisexueller Mensch des Verrats bezichtigt wird, entlarvt dies unsere verzweifelte und durchaus menschliche Angst davor, abgewiesen zu werden. Auch mir selbst fällt es schwer, diese Eigenschaft an mir zu akzeptieren.

Laß mich offen und ohne Scham sein, wie es meiner Profession geziemt. Auch von *dir* möchte ich nicht hören, daß du „bisexuell" bist; vor allem nicht, nachdem du mich gefickt hast, bis mir Hören und Sehen verging. Erzähl mir nicht, wer du „bist". Vor dir steht auch nur ein Mensch, eifersüchtig und verletzlich, und vielleicht verliebe ich mich ernstlich in dich. Zeig mir, was du kannst. Falls es dir gelingt, mich zu blenden, folge ich dir, vielleicht bis zur Selbstaufgabe, bis zum Verrat, über glühende Kohlen. Unsere Begegnung wird unter dem Zeichen des Persönlichen stehen, nicht zwangsläufig unter dem Schirm von Prinzipien. Im Augenblick nach dem Orgasmus ist es das, was zählt. Und noch lange danach.

Die Autorin

Susie Bright, die Nr. 23 unter den „62 Gründen, Amerika zu lieben" *(Minneapolis Weekly),* ist eine der bekanntesten erotischen KritikerInnen und lesbischen Sexerzieherinnen der USA. Sie war Mitbegründerin und Herausgeberin von *On Our Backs,* der „Zeitschrift für die abenteuerlustige Lesbe" und hat vier Erotica-Anthologien herausgegeben.

In deutscher Übersetzung liegt mit *Susie Sexperts Sexwelt für Lesben,* dem „etwas anderen Buch zum aktuellen Lieblingsthema ‚Bad girls'" *(Elle),* eine Sammlung von Essays vor, in denen Susie Bright das Sexleben von Lesben mit Witz und Einfühlungsvermögen unter die Lupe nimmt. „Sie weiß alles, was Sie nie zu fragen träumten – die schlagfertige Ratgeberin scheut keine Antwort." *(Cosmopolitan)*

Die Übersetzerin

Birgit Scheuch bereichert die Queer-Kultur, wo immer möglich: Nach wie vor reist sie mit dem Workshop „Rezeptclub für Gourmettes" durch die Lande, organisiert das Internationale Schwullesbische Filmfestival in Berlin, vernetzt schwullesbische Filmfestivals in aller Welt und engagiert sich auch weiterhin gegen lesbische Beschränktheit.

Die Übersetzerin dankt Ahima Beerlage für ihre engagierte Unterstützung.

Die Einführende

Viola Roggenkamp, geboren 1948 in Hamburg, seit 1978 freie Journalistin und Autorin. Mehrjährige Auslandsaufenthalte in Asien und Israel. Musikstudium (Klavier) sowie Studium der Geschichte, Philosophie, Psychologie und Soziologie.

Letzte Buchveröffentlichungen: „Seidenprobe", in: *Wer vor mir liegt ist ungewiß* (1994) und „Ich hätte sie alle an die Wand klatschen können", in: *Deutsche Erfahrungen, deutsche Zustände* (1995).

Die Fotografin des Coverfotos

Ines de Nil, geboren 1947, Fotografin, Malerin, Grafikerin, bearbeitet Körper und Gefühle in der Tradition von Rubens, Dix und Walt Disney.

Mit besonderem Genuß widmet sie sich der Akt- und Porträtfotografie. Von außergewöhnlicher Delikatesse sind ihre Krüppel-Pinups und Freak-Show-Dokumentationen. Zärtlichkeit und große Nähe bestimmen ihre Fotografien von Menschen mit AIDS. Ihre Foto-Buch-Publikation „Die Gesichter, die Körper, die Liebe" ist in Vorbereitung. Auch in ihren Neo-Pop-Gemälden dreht sich alles um Körper und große Gefühle.

Originaltitel: Susie Bright's Sexual Reality. A Virtual Sex World Reader
Published in the United States by Cleis Press Inc., P.O. Box 8933,
Pittsburgh, Pennsylvania 15221, and
P.O. Box 14684, San Francisco, California 94114.

Die Deutsche Bibliothek – CIP-Einheitsaufnahme
Bright, Susie:
Susie Sexperts liederliche Lesbenwelten / Susie Bright.
Aus dem amerikan. Engl. von Birgit Scheuch. –
1. Aufl. – Berlin : Krug & Schadenberg, 1995
ISBN 3-930041-05-7

1. Auflage 1995

Übersetzung: Birgit Scheuch
Lektorat: Andrea Krug und Doris Janhsen
Gestaltung: Types, Berlin
Druck: Clausen & Bosse